AF431090

DEL DOLOR A LA FELICIDAD

Una historia que te atrapará el alma

Marina Signorelli

Signorelli, Marina
   Del dolor a la felicidad : una historia que te atrapará el alma / Marina Signorelli. -
1a ed ampliada. - Godoy Cruz : Tinta de Luz, 2020.
   234 p. ; 22 x 14 cm.

   ISBN 978-987-47662-6-7

   1. Autismo. 2. Autismo Infantil. I. Título.
   CDD 649.1528

DEL DOLOR A LA FELICIDAD
Autora: ©2020, Marina Signorelli

Ilustración, edición, corrección y diseño: Editorial Tinta de Luz
+54 9 261 3014073 | info@tintadeluz.com.ar | www.tintadeluz.com.ar
Mendoza, Argentina.

*

Impresión:

Queda hecho el deposito que establece la ley 11.723

ISBN 978-987-47662-6-7

Primera edición
Mendoza, Argentina 2020

ÍNDICE

Dedicado a mi hijo Fabrizio, que es mi vida.

*Quiero trascender en tu vida y en la de toda
tu descendencia, quiero dejarte lo mejor,
quiero que conozcan a esta mujer, lo que es,
lo que fue y será por siempre.*

Cuando quieras, donde quieras… allí estaré.

PRÓLOGO

Hay muchas cosas que me llevaron a escribir este libro. Este libro, impensado por mí, pero que de pronto surgió en mis entrañas. Una necesidad inmensa de transmitir todos mis sentimientos, mi vida, enseñanzas, errores, fracasos, triunfos… Creo que puede servir de mucho a todo aquel que le llegue a sus manos, sabiendo que las casualidades no existen, hay una causa por la que esto sucede y está en tus manos ver lo que haces con ello.

Siempre se dice… plantar un árbol, tener un hijo, escribir un libro… ¡es lo que me faltaba y aquí estamos!

Este es un escrito para el común de la gente, para todas aquellas personas que les gusta leer, pero a veces se dificulta por la falta de comprensión del texto, palabras difíciles o ideas que ya están en otro nivel. O libros muy técnicos que, si uno no cuenta con una base de psicología, o la especialidad de que se trate, es muy difícil seguirle el hilo.

Como también lo es para aquel ávido de la lectura y que ya han pasado por sus manos y mente miles de libros, pero pocos como este… quedarán en su corazón.

Le servirá a un niño, a un adolescente, a un adulto y a un viejo, porque capta instancias de estos cuatro estadios. ¿O será que cada uno de nosotros somos constantemente esos cuatro estadios? Permanentemente tenemos cosas de niños, actitudes, pensamientos o sentimientos de adolescentes y de repente, somos todos unos adultos y nos convertimos en viejos teniendo 20 años o nos convertimos en jóvenes teniendo 70.

¿Alguna vez te ha pasado esto? Seguro que sí… a todos nos pasa… es la vida. El tema es aprender a llevarla y disfrutarla al máximo sin nunca olvidar a ese niño interior, a aquel adolescente añorado o aquel viejo que tememos pero que llegaremos a ser.

En 1994 terminé la secundaria y recuerdo un hecho. Ese año cumplía 100 años el colegio y en conmemoración, nos solicitaron a todos los alumnos de quinto año que ya terminábamos el ciclo que escribiéramos una carta para nosotros mismos para dentro de 50 años. Las mismas fueron guardadas en una urna en el interior de una de las paredes del colegio, cubierta con cemento, para abrirlas únicamente 50 años después y ser convocados para dicho momento y recibir en mano la carta escrita por nosotros para nosotros. ¡Qué momento! Yo tendré que llegar a los 68 años de vida para presenciarlo y estaremos en 2044.

Para algunos fue un hecho sin importancia, pero para mí, fue todo un suceso. Recuerdo aquel día, me quedó muy grabado… un día soleado con luz muy cálida, mi banco estaba cerca de la ventana, los árboles se movían por la brisa del aire… era el momento de ver ¿qué quería decir esa adolescente a esta persona ya anciana, qué palabras le haría llegar… qué esperaba que fuera de su vida? Hoy, a casi 20 años de ese día, les cuento que mi vida está muy lejos de lo que decía esa carta. ¿Qué pasará en estos veintitantos años más? ¿Llegaré a leerla o lo hará alguien por mí?

Fue un hecho inédito, pero no casual, las casualidades no existen, como dije al principio. Ahora, si tuvieras la oportunidad de escribirte a vos mismo para dentro de 50 años… ¿qué te dirías? Y si pudieras escribirte para dentro de 40 años o 30, 20 o tal vez 10 años, ¿qué te dirías? ¿Cuál sería tu mensaje…?

¿Sentirías leer una carta escrita por vos o por una persona desconocida? A veces el tiempo y las cosas que pasan en nuestra vida nos alejan de nuestra esencia, de lo que queremos lograr. Pero tendría que significar lo contrario… porque al escribirte… imaginariamente estarías marcando tu rumbo, tu dirección… ¿o no?

De eso se trata este libro, de lo que somos, de lo que queremos ser, de todo lo que tenemos que pasar para lograrlo y sin saber si lo lograremos…

Del dolor… ¡a la felicidad!

I. EL PROCESO DE LA MADURACIÓN

Lágrimas dejen ya mis ojos.

Lágrimas dejen ya mi cuerpo.

Lágrimas dejen ya mi alma.

Si hay algo que recuerdo desde que nací es cada vez que lloré, una y otra vez. Las lágrimas me han acompañado incansablemente llegando a cansarme, ya hace más de veinte años.

¿Qué es madurar en la vida?

¿Qué es pasar de ser niño a adulto?

Simplemente es irte desilusionando de todas y cada una de aquellas creencias que tenías… sobre la amistad, el amor, la familia, la vida misma.

Cada desilusión deja una huella y uno tiene que saber interpretarla y ver qué hace con esa desilusión. Para mal o para bien, marcará tu vida para siempre.

El tema es que hay un momento en el que uno dice "bueno, ya soy maduro", pero, las desilusiones continúan. ¿Alcanzaremos la madurez total en los últimos minutos de nuestra vida…? Para quienes tienen la dicha de llegar y no irse antes.

Mi infancia y adolescencia fueron realmente muy tristes por muchos motivos, pero el principal es haber estado en una familia que nunca pude sentir que fuera una familia. Idas y venidas, desencuentros permanentes, discusiones, alejamientos, separación. Un mundo donde algo pequeño se convertía en gigante, el extremismo, el tremendismo, era algo de todos los días. Fue así que desde chica tuve un sueño, un gran sueño, que se convirtió en mi meta… ¡tener una familia! Y después de varios intentos fallidos, llegó y me aferré a este sueño con todas mis fuerzas y di todo hasta el agotamiento para hacer que funcionara, pero una vez más, mi vida se convirtió en un desastre. Y me di cuenta de que solo era mi sueño y no el de los dos.

Yo creo que los sueños se convierten en realidad, si uno lo quiere y lo busca… lo logra, pero también escuché una vez que si uno tiene un sueño eso es solo un sueño, pero si muchas personas tienen el mismo sueño, eso es una realidad. Necesitaba que la otra persona también tuviera el sueño de formar una familia y defenderlo contra todo para que así fuera.

Y así es la vida, un día lo tenés todo y al otro día, ya nada. Pero no es tan repentino el cambio, se nos presentan señales que muchas veces no queremos ver y las ignoramos y de a poco, poco a poco, socavan lo más profundo, transformando lo lindo en feo, lo inolvidable en olvidable, momentos felices en ficticios, logros alcanzados en… todo fue en vano.

Pero ¿todo fue en vano? Dicen que si uno nunca ha fracasado es porque nunca intentó nada. Y en vano no fue, porque tengo hoy conmigo a mi hijo, Fabrizio, que lo es todo para mí y, si algo sé, es que voy a dar mi vida para que él sea feliz.

¡Qué unión tan fuerte, qué lazo único entre una madre y un hijo!

Uno siempre escucha que tener un hijo te cambia la vida, pero creo que cada uno de nosotros recién toma conciencia de lo que significa esta frase cuando sucede. Nunca me había dado cuenta de la magnitud de esta frase. Y después de estar en la panza por tanto tiempo, siendo hacedor de mis sueños y esperanzas, allí estaba él, tan sensible e inocente frente al mundo, con todo por aprender.

Y uno a los hijos quiere brindarles lo mejor, pero me encontré en una disyuntiva… Hay familias donde se pierde a alguno de los padres o hermanos, situaciones muy críticas y difíciles de atravesar, pero en nuestro caso (mi familia inicial), siempre estuvimos todos los miembros, pero nunca pudimos ser felices, he aquí el hecho de sentir que no éramos una familia.

Y ahora, qué le queda a este sol que hoy la vida me brinda y que tiene a sus padres cada uno por su lado y sin hermanos. Si mi vida familiar fue un desastre, ¿qué le queda a él, entonces? Y es uno el que tiene que pensar y admitir un nuevo esquema de familia, donde se vive y se es feliz a pesar de los aconteceres.

Hoy es algo común estar separados, las mayorías de las parejas duran muy poco, y uno que piensa que "nunca me va a pasar". Creo que antes se tenía más paciencia y perseverancia y la tolerancia era la clave para continuar, pero también entiendo que, sin compañía, sin querer vivir un "nosotros", nada se puede hacer. Y para qué seguir soportando, para qué seguir sufriendo si uno puede decir BASTA, ya no quiero esto para mi vida, y qué decisión difícil, pero sabia a la vez, para lograr un bienestar y un sí quiero y yo también puedo ser feliz.

Quiero tener una vida diferente, quiero lo mejor para mi vida, quiero ir acrecentando mi bienestar.

Todo en la vida es merecimiento… si nos sucede algo bueno muchas veces nos sentimos no ser merecedores de ello, pero realmente es merecimiento.

Te mereces que te vaya bien en la vida o ¿por qué no? ¿Solo es para los demás? No, lo es también para vos. Pero, así como debemos entender que todo lo bueno que nos llega a nuestra vida lo merecemos, también tenemos que entender que todo lo malo que nos sucede es por merecimiento; algo en la vida habremos hecho que en este momento se compensa. Sé que es fuerte lo que te estoy diciendo, pero si llegás a entenderlo, te ayudará para enfrentar mejor tu vida y tener cuidado en lo que hacés, ya que lo que estamos haciendo en este presente determinará el futuro que tendremos. Todo en la vida nos vuelve, tanto el bien o mal que hagamos se nos devolverá.

También me gusta pensar que todo lo malo que nos sucede por algo es, seguramente generará un bien mayor o que algo aún peor podría haber sucedido, es decir que de esta manera se nos previene y resguarda. Si uno sabe interpretar esto, ayudará a enfrentar las cosas de la vida de otra manera y a comprender y sobrellevar más los malos momentos. Sería una de las formas de encontrarle lo positivo a lo negativo.

Hace un par de años, tuve un accidente en mi auto cuando iba a trabajar, iba sola en un Citroën 3CV, cuando pasando un semáforo en verde me embistió, del sentido contrario, un borracho que había estado festejando el comienzo de la primavera. Dicen que los Citroën (los viejos por supuesto, no los nuevos) son conocidos por no volcarse, pero aquel día parecía un pedazo de cartón dando vueltas por el aire. Después de tres giros y mi cabeza golpeando constantemente contra el piso, salí increíblemente ilesa de aquel accidente, unos días de reposo y unas semanas de rehabilitación fueron suficientes, podría haber quedado inválida o sin vida, pero son esas cosas sin explicación. Y una se plantea muchas cosas. Haber estado consciente todo el tiempo, me ayudó a tener más presente todo y el solo hecho de mirar el auto como había quedado era signo de un milagro. Mientras, esta persona se dio a la fuga y siguió manejando por la vida sin remordimientos y yo sin poder hacer justicia. ¡Cuántos casos hay donde mucha gente tiene lesiones severas o pierde la vida inclusive y todo queda en la nada, qué impotencia, qué locura! Pero tenemos que saber que en algún momento se hará justicia.

Por un lado, mi pensamiento fue que, si no me pasaba eso en esa esquina seguro en la siguiente hubiese tenido un accidente peor y me mataba. Por otro lado, sentí que por algo no me había pasado nada, que todavía no era mi hora y que por algo me quedaba en esta vida. Después fui encontrando varios motivos mientras mi vida pasaba: una actividad laboral que me permite ayudar a muchas personas a cambiar su vida, el nacimiento de mi hijo y ahora este libro con el que podré inmortalizar mis palabras y sentimientos. ¿Habrá más? Siempre hay más...

Pero algo más surgió también de este hecho: el desapego por lo material. Es increíble cómo vivenciar una situación límite te abre los ojos de una manera inimaginable. Puede ser cualquier situación límite, robos, incendios, enfermedades, accidentes, muerte. Y empezás a darle valor a cosas que antes no te importaban y, por lo contrario, a desvalorizar cosas que te parecían imprescindibles, y te das cuenta de que vivís perfectamente sin ellas. Así, al romperse un objeto querido o extraviarse, o sufrir un daño en el auto o hasta conseguir la casa propia y después perderla, pasan a ser cosas secundarias frente a los afectos y el amor de quienes nos rodean que, en definitiva, es lo único que nos llevamos de esta vida, teniendo la posibilidad de dejar una huella positiva en los que amamos.

Parecen frases hechas y solo las empezamos a creer al vivir una situación extrema. Ahora la pregunta es… ¿por qué esperar a tener una situación límite en nuestras vidas, cuando podemos generar un cambio antes? Y tal vez así, ni siquiera aparecería dicha situación. Sé que es difícil, pero créeme que vale la pena intentarlo.

Le damos tanta trascendencia a lo material que nos alejamos muchas veces de las personas que amamos, o dejamos de vivir momentos de disfrute por estar atados económicamente o endeudados con algún crédito; así infinidad de ejemplos donde nos relegamos y nos perdemos de tanto, y todo por alguna cosa u objeto material.

Si lográs desapegarte de lo material, te sentirás en un nivel diferente y podrás ver y disfrutar de la vida de una manera especial. Probá, ensayá, HOY MISMO EMPEZÁ y así, poco a poco, habrá un cambio que seguramente te traerá bienestar.

Cuántas cosas guardadas tenemos que nunca usamos esperando tal vez "el momento". Usalas, disfrutalas, y si no dáselas a alguien que sí las use y aproveche… ¡en vida!

Hacé espacio para cosas nuevas… Guardamos cosas que a veces ni nos acordamos para qué las guardamos (especialmente las mujeres) y, sin querer, quedás atado a esa situación por un pañuelito, una servilleta o una cucharita con la que revolviste aquel añorado café… Tiralos, dejalos ir, que muchas cosas nuevas vendrán aun mejores.

Mi madre siempre me decía "PASARÁ", y es así, todo pasa, en definitiva, debemos intentar que solo queden los buenos recuerdos, y lo demás… dejarlo ir.

Sin embargo, ¿cuántas veces hacemos lo contrario? Nos enfocamos en situaciones malas vividas y las repetimos una y otra vez en nuestra mente, como para procesarlas y, sin querer, les damos una fuerza que se acrecienta cada vez más, influyendo en nuestra vida de forma negativa. Si hiciéramos eso mismo, pero con las cosas buenas y momentos felices vividos, seguramente nos generaría más pensamientos positivos, atrayendo todo lo positivo a nuestra vida.

Hablamos de hacer limpieza de nuestro espacio físico, pero también de nuestro espacio interno y mental, limpiar, sacar todo aquello que nos hace daño y que ya no sirve y en su lugar lleguen cosas nuevas.

Dicen que los mejores fuegos nacen de chispas inesperadas… y es así, podemos convertirnos en una gran llamarada e iluminar a todos los que tenemos a nuestro alrededor. Todos queremos estar con aquellas personas que nos hacen brillar, que nos brindan energía positiva y que nos contagian con sus chispas para que también encendamos en nosotros un gran fuego interior. Fuego que en muchas etapas de nuestra vida se apaga. Y es la lucha constante para que ese fuego no se apague y crezca. Podés llamar también a ese fuego… ¡ganas de vivir, iniciativa, entusiasmo, enamoramiento, pasión, actitud positiva, perseverancia, paciencia, satisfacción… logros!

Intentalo… vos también podés encender tu fuego, encontrá tu estímulo, que no es nada más que ver cuáles son tus motivos para lograr aquello que querés.

Esto me hace acordar a la niñez, cuando uno cree que puede lograr cualquier cosa, ¡hasta cambiar el mundo! Después los años pasan y nuestro pensamiento cambia y decimos, pero si ni un granito de arena es lo que hago y no voy a cambiar el mundo. Pero lo importante es darnos cuenta de que aquel niño tenía razón y que sí, podemos cambiar el mundo, de acuerdo a lo que aportemos, aunque parezca insignificante, indudablemente modifica el universo y ¡podés cambiar tu mundo, tu realidad… tu destino!

Recuerdo a la vez una niñez sin las ilusiones clásicas… me refiero a creer en Papá Noel, en los Reyes Magos, en la cigüeña. Siempre supe que Papá Noel no existía y los Reyes nunca venían por casa, éramos tan humildes que por lo general no había para hacer un regalito. Recuerdo estar parada frente a una juguetería y no decir absolutamente nada de que me gustaba tal cosa, para no poner en apuro a mi mamá.

Mientras los niños que conocía vivían otra realidad, yo solo callaba para no romperles la ilusión.

Lo mismo pasó con la sexualidad, me enteré de la cigüeña como un cuento que todos contaban, pero ya desde el comienzo me dijeron a mí cómo eran las cosas.

Y en la primaria una compañera tuvo su primera menstruación y todas estaban apabulladas, a mí no me sorprendió porque era algo que ya conocía que iba a pasar y de qué se trataba.

¿Es bueno decirles la verdad a los niños o no? Lógicamente esta experiencia de vida hubiera sido totalmente distinta con esa otra realidad, pero no me quejo, ya que desde niña aprendí a valorar lo que mis padres hacían por mí, y esa inocencia que muchas veces se trata de conservar, siempre hay alguien del entorno que te la quiere arrebatar, y no sé qué es peor, si así o ya saberlo de antes. Sirve para abrir los ojos y estar atentos y saber reaccionar como se debe, frente a diferentes situaciones que se presentan, porque uno sale solo a enfrentar el mundo. No siempre se puede estar acompañados por nuestros padres, y esa burbuja en la que muchas veces nos quieren mantener encerrados explota frente al mínimo contacto con la realidad, al caminar solos por la calle o al tener las primeras amistades, en las charlas, y al conocer más del mundo, de otras familias, de otras realidades.

También es cierto que uno prácticamente no recuerda nada de antes de los 5 años, solo situaciones muy marcadas. En el caso de Papá Noel, tengo la imagen patente de mis 2 años, cuando mi papá se disfrazó de Papá Noel para una Navidad, pero yo no sabía que era él, me asusté y lloré tanto que les arruiné la noche, y esa imagen la tengo patente hasta hoy día.

Y lo otro que recuerdo muy marcado, es que entre los 4 y 5 años, creo que fue, estuve tartamuda por varios meses, no lo podía controlar, y los niños se burlaban de mí. Mis padres nunca me quisieron decir qué había pasado.

Dicen que por lo general este problema empieza por alguna cuestión psicológica como un trauma; recuerdo la imagen de mi abuelo y que yo estaba regando y me di vuelta con la manguera y lo mojé sin querer y me parece que después de eso debe haber pasado algo que desencadenó todo esto. Después se me fue solo, pero a veces, cuando me pongo muy nerviosa por algo, tartamudeo.

Y así crecemos e intentamos en esta lucha diaria darle a nuestra vida un giro importante, pero siempre aparecen los sueños insatisfechos. Sueños que muchas veces nos juegan en contra, transforman en carga y presión algo tan lindo y que anhelamos tanto, y a la vez nos desmotiva. ¿Cómo es esto? Fracasamos, fracasamos y volvemos a fracasar y hasta parece que lo estamos buscando cuando en realidad buscamos lo contrario. Debe ser el enfoque, la energía que le ponemos, el compromiso, que muchas veces no es tal.

Yo te confieso que tengo muchos sueños insatisfechos, como los tendrás vos también. Uno de ellos era ser bailarina de ballet clásico y las cosas no se fueron dando o tal vez yo no supe muy bien cómo manejarlo realmente. Y hoy lamento no haber hecho algo más para luchar por ese sueño, porque estoy convencida de que cuando uno se propone algo y lo quiere con todas sus fuerzas… ¡lo logra! Por supuesto que hace falta la acción.

Cada vez que siento la música, vibran las fibras más íntimas de mi ser y naturalmente fluye el deseo de bailar, será por eso también que la música para mí es una gran terapia y me desplaza a mundos lejanos y a realidades diferentes.

Recuerdo lo que significaban para mí aquellas primeras clases de ballet y la pasión que sentía. Mi familia era muy humilde y mis padres ya no tenían para pagarme las clases, así que tuve que dejar, y recuerdo bien cuando la profesora fue a buscarme para que siguiera yendo sin pagar, y seguí yendo a aprender, pero si bien era muy niña, pude sentir el desprecio de los demás por ir gratis a aprender, y esa situación influyó mucho en mí y ya no quise seguir. Para ser bailarina clásica necesitás unos 10 años de estudio y después recorrer la carrera hasta los 30 años como mucho y luego ya dedicarte tal vez al profesorado y demás. Cuando tuve la posibilidad de volver a clases, era ya demasiado tarde, porque no me daban los tiempos por mi edad, y así… dejé ir… a mi sueño. Obviamente mi vida sería otra, pero no me quejo, estoy contenta y orgullosa de lo que he logrado hasta ahora, y como dije en algún momento hay que encontrarle lo bueno a lo malo y para eso sí sirven estas experiencias. Y a pesar de que uno caiga un millón de veces, lo importante es volver a levantarse… cada vez.

Y aparece esa gran pregunta que en algún momento de nuestras vidas se nos presenta… Si tuvieras la oportunidad de volver a nacer… ¿vivirías de nuevo las mismas cosas que viviste? ¿Elegirías la misma vida?

Yo creo que tenemos que lograr que la respuesta sea "sí", porque estamos conformes con lo que somos y ¡queremos ir aún por más!

Podés haber fracasado infinidad de veces, pero lo importante es cómo superaste cada una de esas situaciones y saliste adelante. Todos en la vida buscamos el éxito y que nos vaya bien, pero para alcanzarlo debemos saber que tendremos que pasar por varios intentos, situaciones de dolor, dificultades, fracasos, frustraciones y si a pesar de todo seguimos intentando, conseguiremos lo que queremos.

2. HASTA ACÁ LLEGUÉ

Quiero contarles, antes de seguir avanzando, algo puntual que me pasó en la adolescencia y que pocas personas lo saben, ya que genera vergüenza, culpa y poco entendimiento.

En el contexto de lo que significa la adolescencia, etapa que todos sabemos es complicada para la psiquis del ser humano, donde se revoluciona todo lo aprendido hasta el momento, aparecen sentimientos encontrados hacia las personas que amamos (especialmente nuestros padres), nuestro cuerpo cambia, nos desarrollamos, vamos concretando las características fundamentales de nuestra personalidad, cuya formación empezó en la infancia y debería culminar al finalizar la adolescencia para tener una vida adulta plena, lo cual no siempre se da así. Revolución de hormonas, los primeros rasgos de sexualidad, el interés por el otro sexo o no. El manejo del tiempo propio que ya no depende de nuestros padres, las preguntas… ¿quién quiero ser?, ¿qué voy a hacer de mi vida?, ¿qué profesión quiero seguir?

Tenía 17 años, vivía sola con mis padres, ya que mi hermana se había ido a otra provincia a estudiar y mi hermano mayor vivía solo en otra casa desde sus 15 años aproximadamente, creo. Habían cortado relación él y mi papá y no se hablaban, así por ocho años, si mal no recuerdo. Así vivíamos, divididos, estábamos con uno o estábamos con el otro. Cada uno vivió esta situación desde el lugar que le tocó y obviamente con un dolor y un sentir diferente. Para mí, fue muy desgastante y triste, me provocó mucha angustia.

La familia dividida, las peleas entre mis padres. Hasta el momento cuando ellos se separan y a mí se me acabó el mundo, sentía que ya nada era igual y no tenía sentido. Pedí por años y rogué a Dios que pudieran solucionarse las cosas, porque me habían dicho que, si uno pedía algo con mucha fe, se te concedía… pero no fue así. Mi padre se fue a otro país, Uruguay, a vivir, y quiso llevarme con él, a lo cual yo dije que no, pero todo esto me trajo mucha confusión y planteamientos en mi vida; permaneció allá por tres años hasta que logramos que volviera.

Por aquel entonces, yo estudiaba y estaba de novia, tenía amigas, pero había cosas que no podía manejar y me afectaron demasiado.

Viviendo sola con mi madre, una tarde… intenté quitarme la vida.

El mundo se paralizó para mí, la angustia era tal que no paraba de llorar, recuerdo perfectamente ese día, estaba bien lúcida y sabía lo que hacía, pero desesperada y con mucho miedo a la vez. Agarré un frasco de pastillas de mi madre y una botella de licor e intenté tomarme todas las pastillas. Lloraba, escupía, vomitaba, no pude tragarlas.

En el pasillo de la casa, frente a un espejo gigante que teníamos, ahí estaba yo, mirándome a mí misma, sintiendo vergüenza y cobardía por no haberlo hecho.

Luego apareció la culpa de lo sucedido. Nunca le dije a mi madre. Los días siguientes, me carcomía el remordimiento y simplemente la vida siguió y continuó y yo me adapté al dolor y la tristeza. Sin embargo, siempre me quedó la sensación de que ese sería el final de mi vida, y me estremezco cada vez que lo siento y lo pienso, y hoy digo que ojalá no sea así, sino que la vida me lleve cuando me tenga que ir, pero no de esa forma.

¡Qué triste es llegar a un momento tan pobre en la vida de un ser humano, de sentirse tan mal, tan poca cosa, tan insignificante, tan problema para todos! Que si no estás… si no existís… es mejor para todos. Pero cuando sucede, no es así, el vacío y dolor es tan grande para las personas que quedan en este mundo que provoca heridas difíciles de cerrar, y si cierran… cicatrices que jamás desaparecerán.

El suicidio muchas veces es considerado como un acto de cobardía por no saber enfrentar la vida, pero creo que los que lo intentamos, entendemos que no se trata de cobardía, sino de valor, de valentía. Realmente hay que tener mucho coraje para hacerlo, no es para cualquiera. De lo contrario sería una situación de delirio total, donde uno realmente no es consciente de lo que está haciendo.

Hay mucha gente, inclusive dentro de nuestra familia, que va para ese camino sinuoso y sin salida. Y podemos hacer mucho con tan poco… para ayudarlos. Las personas necesitamos ser escuchadas, todos necesitamos ayuda, pero nos cuesta muchas veces pedirla; en ocasiones ni siquiera hace falta hablar, pero una palmada en la espalda, un apretón de manos o un abrazo alcanzan para un cambio significativo y sentirse importante para alguien, aunque sea. En ese entonces no había celulares, pero hoy en día, que la tecnología se ha superado tanto, un mensaje, en el formato que se quiera, ¡consigue hacerle tanto bien a alguien!

La mayoría de la gente vive mirando solo su perspectiva e intereses, por tal motivo, les cuesta mucho ponerse en el lugar del otro o comprenderlo. Muy poca gente se interesa realmente por los demás, queriéndolos ayudar hasta en cosas mínimas. Y es tanto lo que se obtiene cuando comprendemos que "cuando ayudamos a otros nos ayudamos a nosotros mismos". Tenemos que convertir esto en un hábito, la vida se te llena de cosas, de esperanza, ¡de motivos! Por lo contrario, el encerrarse, el vivir solo para uno, te cierra los caminos y las puertas, y tarde o temprano no tiene buen término.

Hay otras formas de suicidio, no es solamente quitarse la vida física, también está quitarse la vida espiritual, donde mutilamos nuestra alma, dejamos de ser personas y vivimos muertos en vida. Cuando estamos expuestos a maltrato físico o psicológico, violación física o de nuestros derechos o roles como personas, son situaciones extremas que, si uno no encuentra salida, se va apagando y destruyéndose como persona. Y vivimos la vida de otros, y vivimos lo que otros quieren para nuestra vida y se va generando un vacío que se hace tan grande, que pasa a ser todo, un "todo vacío", sin expectativas, sin ilusiones, sin esperanza, sin un mañana… sin.

Hay que salir de la depresión, hay que ayudar a la gente con depresión, porque muchas veces no es solo un momento o etapa de nuestras vidas, muchas veces se convierte en una forma de vida y de allí, ya no hay salida.

Y cada día que tengo que tomar pastillas por una cosa o la otra es un suplicio, y me cuesta tragarlas y revivo sin querer aquella triste tarde cuando se apagó mi fuego interior, pero se ve que algunas brasas quedaron y con el viento del día a día, se fue prendiendo nuevamente… muy de a poco.

Cuando en la vida soplan vientos fuertes,

Muchos construyen refugios, se ocultan o huyen,

Y en cambio otros…

Construyen molinos de viento.

Y así entendí que no importa qué tan trágico puede ser lo que uno esté viviendo, lo que importa es la actitud que tomamos frente a ello y así revertir nuestro pensamiento y encontrar al fin una salida positiva.

3. EL PORQUÉ DE NUESTRO EXISTIR

Se podría decir entonces que hay una razón, un porqué y para qué estamos en este mundo. Increíblemente desde el momento de nuestra gestación suceden cosas inexplicables y que aparentan no ser casuales, todo tiene una causalidad, todo está marcado por el destino. Ese destino desconocido para nosotros, pero ya escrito y direccionado mágicamente por diversas vías o caminos para llegar indefectiblemente a él.

Así todo tiene un porqué y para qué… desde aquel caso donde se pierde el embarazo, donde vinimos solo a eso… a marcar una presencia sin existencia. Como aquellos que sí nacen pero mueren en el parto o ya transcurridos unos meses, por problemas de salud o muerte súbita. ¡Qué terrible y difícil de superar y ya no querer intentar y volver a pasar por lo mismo con tanto miedo!

Otros, que de niños les toca partir por accidente o enfermedad, sintiendo que faltó tanto por recorrer y andar. Dolores insuperables para la familia… tantos por qué sin respuesta.

Gente que parece que viene a la vida solo para sufrir y pasarla mal, pero hasta que llega el momento… algo habrá que nos está esperando.

Por algo ese parto tan complicado, pero acá estamos.

Por algo ese accidente fallido, por algo esa palabra a tiempo, por algo diste la vuelta y justo en la esquina siguiente sucedió una tragedia, por algo un éxito, un fracaso, un desamor.

Todo, absolutamente todo en la vida, tiene un porqué y para qué.

Tenemos el libre albedrío de tomar el camino que queramos, hasta llegar a nuestro destino final. Depende cuál elijamos, será más fácil o difícil de sobrellevar, nos dejará más riqueza o empobrecimiento del alma, será más rápido o eternamente lento.

Sabiendo que todo lo que uno hace en la vida vuelve, como un búmeran que uno arroja al universo; cometeremos errores y algunos los podremos subsanar y otros habrá que pagarlos en vida.

Hay momentos de la vida que la monotonía es tal que nos preocupa, pero debemos tener paciencia, todo sucede por algo, ya va a llegar el instante adecuado.

Debemos entender que venimos a la vida por algo, algunos encuentran ese porqué y otros mueren sin hallarlo.

Tenemos la tendencia de querer cosas para nosotros y de creer que todo o todos nos tienen que servir, y algunas vidas, inclusive las más destacadas, encontraron su destino en el servir al otro.

El destino está disfrazado de metáforas, de sinónimos, de señales que a veces no vemos ni interpretamos. Debemos estar alertas e ir descubriendo paso a paso… ¿qué me deparará el día de hoy?

El destino vive adentro nuestro,

La cuestión es

Tener valentía para verlo.

4. ¿QUIÉN QUIERO SER?

Hay, a mí ver, dos tipos de personas: las que viven la vida como dejando el agua correr, a ver qué pasa… y aquellas que hacen que pasen cosas en su vida.

Ciertamente son dos posturas muy diferentes. La primera está relacionada con la comodidad, y no me refiero a la vagancia, sino a sentirse cómodo con determinada situación o hecho, por lo tanto, cualquier cambio genera inseguridad, miedo, desdicha, aflicción. Y no siempre es estar cómodo con situaciones de la vida agradables… estas personas pueden estar atravesando el peor momento de sus vidas, pero prefieren mantenerse así antes de hacer algo, pensando que, si cambian, "pierden lo poco que tienen", pero en realidad, no visualizan "cuánto hay por ganar".

La segunda postura es la de aquellas personas que buscan lo que quieren para sus vidas, aunque muchas veces no se logra y en ocasiones uno se queja por ello, pero sabiendo a la vez que es lo que uno generó. En el momento no se ve, pero luego, el tiempo demuestra que eso era necesario para alcanzar lo siguiente.

Por ejemplo, en una época de mi vida me quejaba de que estaba sola y no tenía con quien compartir un montón de cosas, pero era yo quien había decidido vivir sola y quien había generado dicha situación.

Es como que estamos acostumbrados a quejarnos constantemente, será porque ¿es gratis? Y como toda costumbre cuesta arrancarla, pero te invito a hacer el trabajo y erradicarla definitivamente. Vas a ver que tu vida cambiará así, no digo que sea fácil pero sí, se puede. Es un vicio como la preocupación, que como la palabra lo dice es *pre*-ocuparse de algo, antes de que suceda. Recordemos que nosotros somos llamadores de todo lo que queremos que venga a nuestras vidas, es decir que, si nos focalizamos mucho en una situación preocupándonos por que suceda, seguramente ocurrirá. ¿Qué debemos hacer? Tratar de desenfocar nuestra mente y pensar en otras cosas, en momentos lindos que hayamos vivido, por ejemplo. Esto también ayuda para atravesar situaciones límites o de riesgo físico o emocional y así aprender a manejar distintos estados emocionales…

Recuerdo que, cuando era niña, subí con mi hermana a la "vuelta al mundo", ¿se acuerdan? Esa rueda gigante que está en los parques de diversiones. Y cuando estábamos en la cima, se detuvo por un rato largo, mi situación de pánico era inminente, pero mi hermana me empezó a hablar de una rica torta de cumpleaños con muchas velas y sumamente deliciosa y mi cabeza se la imaginó y ya me calmé y estuve mejor. Recuerdo esa situación porque me ayudó mucho para aprender a enfrentar las cosas desde otra perspectiva.

Volviendo al tema que hablábamos, esta postura de ser protagonista en tu propia vida, por supuesto que es más dolorosa y sufrida que la primera, pero es totalmente beneficiosa ya que vos determinás qué querés y qué no querés en tu vida y aunque a la vez surjan circunstancias que no querés, sabes que podés modificar tu actitud frente a ellas y eso te hace atravesarlas de una manera diferente y más fortalecido.

A su vez creo que hay además dos tipos de personas: aquellas frías y calculadoras y que no les importa nada de lo que suceda a su alrededor más que ellos mismos y aquellas totalmente sentimentales, sensibles, que todo les afecta; la felicidad o tristeza de los demás parece propia, el interés por la gente, el aporte al mundo es tan significante como la sonrisa para cada día.

Estas dos personalidades se relacionan mucho con las posturas anteriores, aunque pueden estar intercambiadas.

Ciertamente la segunda indica una vida más intensa y con mayor regocijo que la primera, indudablemente.

La personalidad fría no se permite disfrutar de un paisaje, tomar mate mirando un atardecer, el placer de la lluvia, etc… etc… etc. Todo eso es una pérdida de tiempo. Solo buscan cosas que les den satisfacción personal pensando en sí mismos.

Tal vez te veas reflejado en algunas de estas posturas expuestas. Lo bueno es que estamos a tiempo de darnos cuenta y decidir si quiero ser así o cambiar.

El cambio, como vimos, genera inseguridad, incertidumbre y muchos prefieren más bien quedarse con la duda.

Siempre me gustó un ejemplo que me daba mi amiga Claudia con respecto al cambio… es como imaginarse pasar por un anillo… va a costar entrar, pasar y luego salir. Uno tiene que amoldarse y aceptar toda una transformación para pasar por el anillo y obviamente ya no seríamos los mismos de antes de pasar.

El cambio te transforma, te hace crecer, te ayuda a seguir adelante, a continuar. Te prepara para lo que viene (aunque a veces no lo veamos *in situ)*.

Tenemos que estar buscando constantemente situaciones de cambio en nuestra vida para que cada día sí valga la pena.

Muchas veces queremos lograr cambios radicales, pero tenemos que saber que no son repentinos, sino que hay que hacer muchos cambios "pequeños" de a poco, para lograr un "gran cambio".

Y un día cumplí 35 años y, sin querer queriendo, ya me he mudado más de 18 veces, por muchas circunstancias particulares… cambio de ciudad, estudio, o en la misma ciudad de casa vieja a nueva de barrio, al irme a vivir sola cuando tenía 22 años, por ejemplo, y después, al terminar un alquiler, a otro lado, y luego a otro. Convivencias, separaciones.

Ya de niña quise irme de casa, desde que tenía 13 años aproximadamente, ya no quería estar, no me sentía cómoda, desilusionada de muchos aspectos familiares. Y así se fue acumulando. Mi madre me decía que hasta los 18 años no podría irme, y cuando llegué a esa edad, me prohibió hasta los 21. Así que a los 22 en el peor momento y sin trabajo, me fui de la casa, pero así mejoró muchísimo la relación con ella, ya que manteníamos peleas constantes.

Con todo lo que implica una mudanza. Sin duda es una de las causas para ir despojándose de todo lo material que no nos sirve. Uno aprende a ser más organizado… más ordenado.

Y cuando ya pensás que te quedás en ese lugar, algo más pasa que cambia las cosas y debes partir hacia otro nuevo horizonte...

Nací un 7 de noviembre de 1976, en Buenos Aires, en González Catán… lugar que no recuerdo ni conozco ya que tenía 2 años cuando nos fuimos de allí, cuando me preguntaban donde había nacido y lo decía, me hablaban de la delincuencia del lugar, y como que estaba mal visto, entonces de a poco dejé de decir donde había nacido ya que supuestamente no era buen antecedente. Allí mi familia vivió unos cinco años. Y entre tanto se fueron al sur por unos meses, a la Patagonia, ya que mi madre era maestra, pero no funcionó y se volvieron. La clínica donde nací quedaba a tres cuadras de la casa. Recuerdo una foto de toda la familia fuera de la clínica y yo con vestidito y paradita haciendo pose, pensaba que ahí recién había nacido y al salir, sacaron la foto… cosas de niños.

Los que vivimos en el interior, vemos a Buenos Aires solo como lugar de paso, porque sería prácticamente imposible para uno imaginarse vivir allí, el ritmo de vida es distinto… la gente es distinta. Sin embargo, ¡cuánta gente del interior ha querido ir a Buenos Aires para forjar su carrera o en busca de algo mejor!

Una de las cosas que agradezco de mi vida es no haber vivido ahí, porque seguramente sería una persona totalmente diferente. Y lo mismo les pasa a las personas de Buenos Aires que al viajar al interior parece que estuvieran en otro país, y muchas veces no pueden comprender lo diferente que es.

Y así vivimos en Sampacho (Córdoba), un tiempo en el campo y otro tanto en el pueblo. Ubicado a 45 kilómetros de Villa Mercedes, y camino a Río IV por la ruta 8. Allí vivía mi abuelo y toda la familia por parte de madre. Pueblo chico y acogedor. Recuerdo aún el aroma en las mañanas, la tranquera donde esperaba a mis hermanos que venían de la escuela. El Oreja que era un caballo blanco con la oreja cortada. El tacho de los peludos (quirquinchos), los gatos, el tanque de agua y el molino de viento. En el pueblo recuerdo cuando paseábamos al abuelo Bridarolli en su silla de ruedas casera y yo me subía atrás.

Lugar que visitamos en muchas ocasiones los años siguientes, ya que se acostumbraba pasar las navidades en el campo del *nono*, con los tíos y primos. Época inolvidable.

Y luego en Villa Mercedes (San Luis), desde los 5 hasta mis 18 años. Mi padre había conseguido trabajo en una fábrica y por eso nos fuimos a vivir ahí. Mamá como maestra en una escuela hogar. Trabajaban todo el día, pasábamos mucho tiempo solos. Igual era una buena alumna. Iba caminando siempre a la Escuela N°150, y en el trayecto, estaba la plaza con ese monumento de piedras alto, que trepamos en tantas ocasiones.

No voy a olvidar los domingos en la cama grande de mis padres, parecía un barco casi, esas camas viejas con respaldos altos en los dos extremos. Los cinco subidos ahí, tomando mate y tostadas con manteca, era lo mejor de la semana.

Siempre comíamos arroz o fideos o una olla de salsa blanca con zanahorias, no había para más. Nos calentábamos con una cocina a leña y nos bañábamos en un fuentón de lata. Casa vieja, antigua, el baño afuera. Siempre hubo algún animal acompañándonos. El gato Tom, perros, conejos, gallinas, palomas, patos. Allí nació mi sentimiento especial por los gatos.

Lugar frío, en ocasiones llegó hasta -15°C, y así también los más potenciales calores.

Justo al comenzar la secundaria, mamá consiguió una casa nueva de barrio… ¡otra mudanza! Escuela Normal Superior Dr. Juan Llerena, ¡qué años! Las mejores amistades, tantos recuerdos y anécdotas. Y ese "vamos a ser amigos por siempre", se fue diluyendo, con el paso del tiempo, al cada uno hacer su propia vida.

Después, al terminar la secundaria, nos mudamos a San Luis Capital, empecé la universidad, y viví ahí hasta mis 26 años. Época de estudio y trabajo. Nuevas amistades. Viento permanente.

Si bien me fui de donde hice la primaria y secundaria, atesoro aquellas amistades. Estos últimos años con el avance tecnológico, se formaron grupos de whatsapp de ambos, trayendo tantos recuerdos y conceptos que la gente tiene de uno que ni se imagina, y volvemos a ser niños o adolescentes con tan solo un mensaje. Han hecho reuniones, pero yo, al estar lejos, no he podido asistir. Ya nos reencontraremos si Dios quiere, al abrir la urna del colegio en 2044…

Y de ahí en más hasta hoy en Mendoza… ciudad que me cautivó por su gente, su verde, el Parque San Martín, las acequias, la peatonal, sus costumbres. Tierra del sol y del buen vino. Me llamaba la atención que estaba todo quieto, después de tanto viento en San Luis, aunque aquí también conocí el viento Zonda que de tanto en tanto aparece, viento malo, caluroso, que hace desastres y uno llega a sentirse hasta mal físicamente. No volvería a vivir a San Luis.

"Yo soy una persona generadora de cambios".

Siempre en mi vida fui tomando decisiones de cambio cuando algo no me gustaba o no me sentía bien. Obviamente primero intentando solucionar lo que me provocaba esa sensación y después de intentarlo varias veces y ver que ya no había posibilidades de mejora, no quedaba otra opción que tomar un nuevo camino…

Hablo en todos los niveles… amistades, familia, trabajo… y amor.

Será parte de lo aprendido, como les comentaba anteriormente de lo extremo... de no haber medias tintas… de no tolerar la escala de grises… o es blanco o es negro.

Y uno al mirar atrás, muchas veces se arrepiente de decisiones tomadas e imagina que las cosas podrían haber sido de otra manera, pero uno en el momento no lo ve.

Y es un aprendizaje diario y es lo que intento en estos últimos años... aprender a tolerar y aceptar que puede haber muchas cosas grises en nuestra vida y a pesar de eso... si uno las acepta... es lo que forma parte fundamental de nuestra felicidad y nos damos cuenta de que sin ellas tal vez no la hubiésemos obtenido.

Por lo tanto, ningún extremo es bueno, debemos tratar de encontrar siempre el equilibrio que es la base para estar bien y así... estar bien para los demás.

"Y cada cosa que hagamos siempre hacerla con un fundamento".

No sirve "el porque sí", o "el porque alguien me dijo que lo hiciera". Todos vamos a recibir reclamos en nuestra vida y es importante por eso tener un fundamento.

Aunque la decisión sea errónea... si tiene un fundamento... es válida.

Es como cuando, como hijos, le recriminamos a nuestros padres ¿por qué hicieron tal cosa?, cuando éramos niños. Y es muy probable que con el paso de los años se dieron cuenta que fue un error, pero en aquel momento... parecía lo mejor.

Y dicen que no hay que tomar decisiones enojados, tristes o enamorados... porque son estados que solo persisten un tiempo. Y cuando ya no estás enojado, cuando ya no estas triste o cuando ya no estás enamorado, te arrepentís de las decisiones tomadas porque no estabas centrado sobre tu propio eje, sino sobre el eje de ese estado emocional.

Y… ¿qué tipo de persona prefiero ser?

Indudablemente la más sentimental, la que todo le atraviesa por sus venas… porque a pesar de ser una vida más sufrida, sos consciente de que das todo, y diste todo y dejaste todo y a pesar de errores cometidos, dormís tranquilo, porque ¡diste lo mejor de vos!

5. CONOCIÉNDOME

Es difícil describirse a uno mismo, pero también está bueno para conocerse y que te conozcan. Los invito a hacerlo como ejercicio.

Creo que todos tenemos una esencia que se mantiene toda la vida.

Esa esencia tiene matices que van cambiando con el paso del tiempo y de los años y, según la etapa en la que estemos o momentos que vivamos, se realzarán unos u otros.

Soy una persona muy sencilla, me llaman la atención las cosas simples, los detalles pequeños para mí son inmensos. Y le encuentro valor a gestos que para otros tal vez son insignificantes.

Me recuerdo como una niña dulce, soñadora, que creía que iba a cambiar el mundo, y después el mundo la cambió a ella. En una etapa, era mala y mentirosa y lo recuerdo muy bien. Tal vez habrá sido probar esos estados para conocerlos y saber que no quería volver a ellos, no lo sé. Luego cambié, pude hacer amistades muy lindas y sanas, y la mejor fue con mi hermana, que nos llevábamos muy mal y luego se tornó una amistad inseparable hasta hoy. Ha sido un pilar fundamental en mi vida.

Fui formándome como persona con la autoestima siempre lábil. Detesto las mentiras más que a nada, no las soporto.

Mis sobrenombres han sido *Peti*, por petisa, siempre fui más bajita que la mayoría; recuerdo que cuando en algún lugar encontraba a alguien más baja que yo, era una sensación rara y de grandeza. La *Flaca*, para mi familia, por años me llamaron así, era realmente muy delgada y mi madre me perseguía con la comida, y yo en muchas ocasiones no comía para llevarle la contra; hasta cuando ya no fui flaca, igual me siguieron llamando así. *Chispita*, en un trabajo que tuve donde era secretaria, no había quien no se parara en mi escritorio a charlar conmigo, era recepcionista de historias y desencuentros, transformándoles la mirada sobre lo que les sucedía en algo mágico, generando alegría. Y en estos últimos años, la *Colo*; de niña fui muy rubia casi paya, luego con el correr del tiempo se me fue oscureciendo el cabello, pasé por varios estados pero siempre rubia, o reflejos rubios, hasta que llegó el caoba y cada vez más rojizo, me mantuve en ese tono colorado.

Desmedida, incondicional, alegre, pícara. Siempre centrando mi interés en los demás, para hacerlos reír, para ayudar, para hacer que estén bien, aunque yo no lo esté. Si hay que dividir o compartir algo, siempre me quedaré con lo más chico, pero no para hacerlo notar o sobresalir por eso, lo guardo para mí, es un regocijo interno.

Me gusta decir lo que pienso, pero no soy de ir al choque. Sutil para no dañar, buscando siempre la forma de llegar al otro.

Acepto diferencia de pensamiento y con una postura de aprendizaje constante, tanto de las demás personas, como de situaciones vividas. Al creer que las cosas no son casuales, entiendo que todo lo que sucede me tiene que dejar "algo".

Intensa, al todo o nada. Solo con el tiempo aprendí a brindarme a medias, a cuidarme, a respetarme yo misma cuando no era respetada, a priorizarme y que eso no era malo.

Soy de Escorpio y según el horóscopo chino, Dragón de fuego.

Soy sensible al sentir del otro, la gente me aporta o me extrae energía, sin embargo, muchas veces, sigo eligiendo estar y otras tantas ya no. Y aprendí a que no me afecte el malestar de los demás, me involucraba de cabeza, queriendo resolver o ayudar. Ahora ofrezco mi ayuda y ayudo a quien quiere ser ayudado. Pero cuando estoy, soy 100%.

Genuina, no voy a decir una cosa por otra, ni actuar de otra manera a lo que pienso. Y soy una mujer de palabra.

Me gusta el diálogo, creo que hablando se entiende la gente, pero aprendí que hay personas que directamente están en otra frecuencia y ni siquiera vale nuestra energía de pensamiento.

Cuando me enojo, me cuesta salir de ese estado y eso mancha todo lo demás.

La indecisión e impaciencia siempre me acompañaron, pero aprendí a manejarlas, decidiendo, equivocándome, enfrentando y solucionando.

Me gusta la música. Estos años me han acompañado Whitney Houston, Alejandro Lerner, César *Banana* Pueyrredón, Miguel Mateos, Charly García, Alejandro Sanz, Cristian Castro, Gilda, lentos internacionales, Dido. Pero principalmente Luis Miguel, que fue mi pasión desde mi niñez.

Temas que me han marcado profundamente moviendo mis fibras íntimas: el de *Flash dance* y *Ghost, la sombra del amor*, y las películas en sí. ¡*Seminare,* de Sui Generis! Detesto la música metálica.

En cuanto a preferencia por libros, siempre han sido más bien de crecimiento personal.

¡Ver un espectáculo de música clásica es lo más! ¡Y bailar!

Como lo que sea. No me gusta el hígado. Y cuando era chica no me gustaba la batata (camote), y ahora sí. Gustos raros si los hay: una vez de niña tenía hambre y no había qué comer y agarré una zanahoria con dulce de leche.

Me gusta disfrutar de los aromas, de la naturaleza. Cuántas veces los aromas nos trasladan a un momento particular de nuestras vidas, con tan solo un perfume o un aroma a comida, podemos retroceder años.

Me gustan las flores, las rosas y lilium son mis preferidas. Aunque últimamente, también las de los cerezos. Las mariposas, las plumas, ciertas hojas y piedras. De niña coleccionaba plumas y estampillas.

Me encantan los anillos, no puedo vivir sin ellos. Si bien me los saco para dormir, bañarme o lavar los platos, si después no me los pongo por olvido, inmediatamente me doy cuenta porque me siento como "desnuda". Y siempre a pesar de que fueron cambiando, cada uno tuvo un significado especial para mí.

No me gusta la cocina, aunque con los años le agarré el gustito y terminó siendo terapéutico cuando lo hago con amor.

No sé por qué o de dónde vino, pero me gustan las sillas mecedoras. Me parece que mi abuela de Uruguay tenía una. Algún día me daré ese gusto.

Me gusta abrazar, besar, tocar, tener contacto; pero a su vez disfruto de mí a solas. Disfruto de mi soledad, me siento cómoda, y si bien añoro lo contrario… ya me acostumbré. Me incomoda estar con muchas personas por mucho tiempo.

Genero mucha envidia. Hay gente que no entiende que por más problemas que uno tenga, se puede sonreír y ser positivo. Eso jode, molesta. Incluso estando depresiva, muchos no lo notaron.

Vivo lo que le pasa al otro, como propio. Su felicidad me provoca felicidad, y su tristeza… agonía.

Con el paso del tiempo, me fui volviendo inmune, y ya pocas cosas me afectan.

Ya no soy incondicional… solo conmigo misma. Ni desmedida, ni alegre como lo era.

Algunas personas me ven maravillosa, y yo solo pienso… si la vieras… a esa Marina de antes, comprenderías el poco resplandor que hoy da mi fuego.

¡Calma en el alma! Que el camino recorrido lo vale, y llegará el día de reconforte y goce por ser tú quien eres…

6. ¡AY! EL AMOR… EL AMOR

Y muchas veces uno da lo mejor, pero las cosas no resultan como esperamos… Y como les conté antes, me casé, pero antes de esto pasé por varias malas experiencias. Y seguramente estarás vos también lleno de problemas y aún más graves que los míos y te preguntarás "¿qué hago entreteniéndome, leyendo sobre más problemas aún?…", pero no se trata de eso, sino como mencioné en algún punto, tal vez encontrar coincidencias, comprensión de lo sucedido y principalmente acompañamiento, porque no estamos solos… hay mucha gente que le pasa lo mismo que a uno, y muchas veces peor...

Empezando por la adolescencia, etapa de la vida que uno vive todo con tanta intensidad y que es primordial para nuestra formación como personas…

Lo que te sucede o no será una marca (así como en la niñez) para tu futuro como persona...

Mi primer beso fue alrededor de los 13 años, y fue tan asqueroso, no me gustaba y lo evitaba. Y después, se convirtió el besar en una de las cosas más hermosas.

Y alrededor de los 15 años, en ese primer noviazgo que uno se imagina que será para toda la vida… por lo menos para mi generación, lo reconozco, porque antes no era así… era como que prácticamente no te quedaba opción más que permanecer con quien habías conocido en primera instancia, y actualmente, se han perdido tanto los valores y principios que ni se piensa siquiera en la mayoría de los casos de encontrar a alguien que nos acompañe por el resto de nuestras vidas. Así fue que comencé la experiencia del amor mezclada con el dolor por perder a ese amor y el dolor de la traición del amor y la amistad, simplemente porque quien era mi gran amiga, se quedó con quien era supuestamente mi gran amor…

Continué adelante pero ya con la desconfianza hacia la amistad y hacia la persona de quien me pudiera enamorar, esperando que en cualquier momento eso que parecía real cambiara, porque muchas veces las personas no se muestran como son realmente y como de repente, se vuelven personas desconocidas…y todo lo prometido se esfuma y todo lo sentido queda parado y estancado, muchas veces convirtiéndose en bronca y enojo.

Luego, una relación de años que tuvo todo, pero a su vez no tuvo nada. Donde sucedió ese momento tan especial y único en la vida de toda persona… mi primera vez… y se dio como tenía que dar, en el contexto adecuado, con la persona indicada, con la paciencia, comprensión, tiempo y respeto necesario.

Estaba nerviosa. Era la primera vez para ambos, eso creo que nos ayudó a ser más cautos. El romper del himen, el sangrado, los miedos a quedar embarazada. Fue en mi casa, en mi cama, y con todo un trabajo previo de preparación, ya habían sido varios los acercamientos anteriores.

La sensación posterior es indescriptible. Sensibilidad, temblequeo, respiración relajada y el infaltable enrojecimiento en mis mejillas. Una sensación que dura por el resto de las horas, sintiendo en la piel cada roce en magnitud.

Disfruto de la sexualidad y creo que todos tendríamos que saber disfrutarla. El diálogo es básico para conocerse y no vivirla como un tabú. En cualquier etapa que transitemos, la sexualidad es parte y es necesaria para sentirse pleno como persona.

Para mí fue una buena experiencia, pero he conocido historias de experiencias feas. Habrá seguramente páginas y páginas de historias diferentes al respecto. Pero qué bueno es generar el momento y prepararse.

Y pensar que en los tiempos de antes esto sucedía en la noche de boda por primera vez y ya no había posibilidades de una vuelta atrás. Los tiempos fueron cambiando y se hacían cosas aunque no estuvieran permitidas, hasta llegar a ser aceptadas por la sociedad, hasta como lo es en la actualidad inclusive, el matrimonio igualitario entre personas del mismo sexo, por ejemplo.

En esta relación viví cosas muy intensas pero luego se esparcieron… todo fue perdiendo su sentido y su color porque cuando esperamos algo con muchas ansias… como casarnos... tener hijos… tener proyectos en común y el tiempo pasa y nada de eso sucede… todo se tergiversa. Y es muy peligroso porque cuando sentimos falencias en nuestra relación pueden aparecer situaciones con otras personas que nos confunden o perturban… si ya del vamos las oportunidades para todos siempre están, imagínense cuando uno está carente de afecto.

Y así la vida me puso una prueba muy difícil de superar a tal punto que después de haberla vivido… sé que pude salir, pero no sé si lo superé... Llegó el que sería el gran amor de mi vida, pero que nunca fue mío, porque ya tenía dueña, y juntos, dos preciosas hijas. Yo sentía día a día que les estaba arruinando sus vidas… Y no podía parar… y no podía detenerme e iba en contra de mis principios porque era una de las cosas que jamás hubiera hecho en mi vida… meterme con un hombre casado… y las cosas suceden... y los sentimientos surgen y muchas veces uno no los puede controlar. Momentos de la vida que si te hubiera querido pasar lo mismo en otra circunstancia tal vez nunca hubiera sucedido…

Y siempre en todas mis relaciones decidí dejar, justamente por mi forma de ser cuando algo no va conmigo y ya veo que no hay vuelta atrás a pesar de todo, me doy cuenta que es la mejor opción… Una decisión irrevocable y que respeto, ya que nunca volvería con alguien a quien he dejado… es un "se terminó" para siempre.

Las cartas más sentidas, las horas más aprovechadas, los momentos más mágicos. La adrenalina de una relación encubierta, sin ton, ni son. Ceder, ceder, ceder y más ceder… hasta sentirse vacía. ¡Ya no había espacio para tanto vacío!

Seguramente, la vida me devolvería todo el mal que había provocado sin querer.

Pero podés terminar una relación por diferencias… porque los sentimientos cambiaron… porque es una relación nociva, tóxica… Pero cuando amas realmente a alguien, qué difícil que es dejarlo… amándolo.

Así, esta experiencia marcó un antes y un después en mi vida y realmente siento que me arruinó la vida… ya no era vida. Pareciera extraño terminar alejándote de tu familia… de tus amigos. Me apagó por completo… era tan alegre, tan intensa, tan dada para todo… incondicional, y solo yo sé que nunca más lo tuve… nunca más volví a ser la misma… y aunque muchos me han visto como maravillosa, perdí, desde aquel entonces, la mayor parte de la luz de mis ojos. Esto no fue repentino, fue muy de a poco. Uno sabe que no está bien e igual sigue. Sabe que está el muro, pero igual va hasta él. Eso, todos los días, socaba hondo, y cuanto más tiempo pasa, peor es.

Y lo lamentable es que muchas mujeres y hombres viven esta situación, y por más duro que sea, tenemos que saber que lo que esperamos… nunca va a pasar. Una relación de tres donde uno es ese tercero, es como la droga o el maltrato físico o mental: nunca pasará lo que esperás y añorás tanto. La situación no va a cambiar y la persona no va a cambiar. Aunque hubo una convivencia de cuatro meses en el medio, las cosas no estaban bien, ya viene mal barajado. Uno debiera salirse lo antes posible; para mí, fueron dos años eternos, y el silencio, el secreto, la humillación, perforaron el alma… provocando daños irreversibles.

Y si la dejara por completo, o lo dejara, a ese uno más… todo lo venidero sería proporcional a lo mal que empezó. Las cosas pueden continuar, pero el círculo de la felicidad nunca va a cerrarse por completo.

¿Cómo volver a creer?

Y volví a creer... a confiar… a amar. Cuatro años más de mi vida dedicados a una persona que, me di cuenta, solo se amaba a sí mismo y no era una mala relación, porque nos llevábamos bien, pero era como vivir con un hermano o un amigo...

Ya a esta altura decidí otra vez dejar y si bien fue mi decisión, entré en una depresión de la que me costó mucho salir. Pero encontré una buena terapeuta y la mezcla entre la aceptación de necesitar ayuda y no tener ganas de respirar, con psicóloga y psiquiatra, con las benditas pastillas, y un año y medio de tratamiento...

Después salir a tomar algo, pero cuidándome de tomar alcohol para que no fuera contraproducente. También querer dormir todo el tiempo. Seguir con la vida de uno, a media máquina, anestesiada; sin poder llevarnos a reparar, como un auto al taller por un mes. No podés parar. Estás quieta en un mundo que sigue girando, viendo la vida pasar y sin capacidad para hacer algo al respecto.

"Sentirte observada". Era como sentir que todos me miraban como si estuviera haciendo algo malo, cuando andaba sola por la calle, en las plazas, en el parque, una vez fui a comer sola a un lugar. Y me sentía observada. Es raro ver a alguien solo, pero también la realidad es que pasamos desapercibidos para los demás. Le gente no te ve, se ven a sí mismos y su entorno, y su realidad.

Y dormí en el piso, porque ni cama me había quedado, sí… ¿y qué?

Solo los que alguna vez pasamos por esto, llegamos a entender lo que es y qué se siente, pero mi mayor recuerdo es la tristeza permanente… de día y de noche y en cualquier lugar. Es la incapacidad de disfrutar. Por más que existan... no hay motivos para seguir.

Luego de estar sola un tiempo, y sin ya querer conocer a nadie más en mi vida… conozco a ese "alguien más". Costó mucho, estaba muy cerrada, descreída, desilusionada. Sin embargo, perseveró... nos fuimos a vivir juntos (tercera convivencia). La vida parecía sonreírme nuevamente y yo sonreírle a la vida. Disfrutamos del noviazgo. Nos casamos… cumplimos el sueño de la casa propia y era como el momento indicado para elegir que viniera él a la vida… lo buscamos... elegimos su nombre y vivimos esos nueve meses enamorados, con mucho afecto y unión y esperanzados con nuestro gran proyecto… nuestro hijo.

A todo esto, yo empresaria hace unos cinco años. Mujer activa, emprendedora y ama de casa.

Ya les contaré en detalle toda esta etapa del nacimiento y mi trabajo.

Un mundo nuevo por descubrir: ¡ser mamá! Y ese aprendizaje fue muy duro al comienzo, porque más allá de ser primeriza… todo cambió desde que *Fabri* nació. Más allá de los cambios significativos que provoca un hijo en nuestras vidas, no es a eso a lo que me refiero.

Ser papá lo cambió, se convirtió en otra persona. Todo lo que habíamos anhelado, con su nacimiento, se tornó tosco y gris. No lo quería alzar, todo lo normal de un bebé lo irritaba… si lloraba… si tiraba la cuchara al comer, si se despertaba en la noche y si se enfermaba… Todo era mi culpa según él, y mientras, era yo quien contenía a mi bebé y pasaba las noches en vela (porque los primeros 2 años de vida tuvo mucha alteración del sueño *Fabri),* y trabajaba, además de llevar la casa adelante, limpieza y comida. Él, trabajador independiente, volvía siempre tarde en la noche, como haciendo tiempo para no llegar, yo lo esperaba con la comida (la mayoría de las veces no quería comer). Los fines de semana eran un suplicio, interminables. Apatía, sin querer compartir y muchas veces sin hablar. Todo se volvió muy enfermizo. Pasamos muchos nervios y todo lo que se tenía que dar natural y espontáneo con un bebé, se perdió de a poco. A veces no le cantaba para no despertar a su padre y trataba de mecerlo y arrullarlo como podía.

Tuve un embarazo normal y sin síntomas, pero el parto fue con mucho trabajo y cuando nació, la alegría que tuve y lo agradecida a Dios porque mi hijo estaba sanito y era tan bonito. Un bebé hermoso, alegre, tranquilo… así se mostró durante los primeros meses. Pero la situación con su papá no cambiaba y cada vez empeoraba. Después de muchas charlas y de tratar de revertir la situación, lo cual fue imposible… (Ya dormíamos en piezas separadas hace un tiempo), decidí irme de la casa con *Fabri*, teniendo tan solo 1 año y 5 meses. Recién empezaba a caminar.

Recuerdo una vez que le dio fiebre, porque lo bañé un día de calor en su piletita inflable, fuimos al médico. Y su planteo posterior, el niño estaba así por culpa mía, no lo podía creer.

Otra noche de terror, que no paró de llorar mí bebé, como que algo le dolía; como 4 horas después se levanta su padre muy molesto porque no podía dormir, nos llevó al hospital. Lo vieron, hicieron estudios y análisis, no tenía nada, al volver ya se quedó tranquilo y se durmió, pero yo ya no pude.

Y la última, una gastroenteritis, una noche ya desbordada, le pedí nos llevara a la clínica, golpeó la ventana, me dejó palabras grabadas que no podré escribir, aceleraba el auto, nervios al 100%. Mi niño mal y me encontraron a mí también deshidratada. Le pedí que se fuera de la casa, pero en el día debí pedirle que volviera, estaba muy mal y descompuesta, no podía alzar siquiera a mi hijo que estaba tan mal. No tenía opción. Conseguí un alquiler, preparé las cosas en la semana y me fui. Me ayudó, no hizo nada para que nos quedáramos, para retenernos.

Me había anulado como persona, como mujer, como mamá, con mi trabajo. Todo era malo y lo peor, es que me lo creí. La manipulación psicológica es un gran maltrato que, aunque no sea físico, deja huellas imborrables en la vida de uno.

Parece algo sin sentido perder la espontaneidad y tomar las cosas naturalmente... cuando uno está inmerso en esta situación, es tal cual lo que sucede. El condicionamiento que se produce porque frente a cualquier evento o circunstancia, uno se condiciona pensando qué va a pasar y aunque muchas veces no haya ni palabras, solo un gesto o una mirada puede ya influenciarte y empezás a modificar así tu actitud... tu persona.

La manipulación psicológica, creo yo, no solo se da a nivel pareja... también de padres a hijos, o viceversa... con hermanos o amigos incluso. Y pueden hacerte pensar y creer que las cosas son como piensan ellos. Y cuando esta manipulación es negativa, todo en tu vida se vuelve negativo... y lo negativo atrae lo negativo.

Si por lo menos la manipulación fuera positiva es un poco mejor que la otra porque nos realza como personas... pero en definitiva ninguna de las dos es real y tarde o temprano cae por su propio peso y todo... absolutamente todo, se desmorona.

Hoy agradezco a Dios que me permitió salir de esa situación.

Y esta vez sí, ese sueño de tener una familia se cayó a pedazos y así una vez más, volví a empezar de nuevo. Pero ahora era diferente, porque tenía conmigo a mi hijo que lo es todo para mí y que me dio toda la fuerza para seguir.

Y siguió durmiendo poco y siguió enfermándose como todo bebé, pero yo de a poco, muy de a poco, aprendía a estar tranquila y a tomar las cosas con naturalidad y en forma espontánea, ya que lo había perdido. Todo lo hacía con miedo y nervios y le estaba transmitiendo todo eso a mi bebé y ya no quería hacerle daño.

Pero es muy difícil porque muchos te dicen quedate, aguantá… resistí. Y el sentimiento de culpa por ser una la que destruye la familia… pero ¡si ya estaba destruida! El hecho de vivir bajo un mismo techo no significa que sea una familia.

Así seguí… sola, pero esta vez con mi hijo. Y ¿qué depresión me podía agarrar? Ninguna… si estando con él, era la fuerza que necesitaba para seguir adelante.

Con muchos momentos difíciles de atravesar… reconozco que la soledad no es para cualquiera. Pero ya había vivido sola mucho tiempo y aprendí hace muchos años a valerme por mí misma y ser independiente.

De a poco… muy de a poco, fui sanando mis heridas. Había mucho por reconstruir... yo diría demasiado. Necesitaba volver a sentirme bien, necesitaba volver a ser yo misma, aunque ya no fuera la misma. Llevó años y hasta el día de hoy todavía estoy limando cosas y sacando de mí las que ya no quiero y estorban y me hacen mal.

Era una nueva etapa… porque más allá de la separación en sí, era madre soltera, todo dependía de mí, su papá siguió estando presente sin estarlo, sin un compromiso verdadero. Y yo siendo facilitadora, la que contaba todo, la permisiva, la esperanzada en que su papá quisiera pasar más tiempo con él… pero no fue así. Contaba todos los detalles, para hacerle ver lo que mis ojos veían y pudiera él ser parte de su vida. Pero eso caía al vacío. Y le ofrecía que lo tuviera, que lo viera… y nada. Y un día dejé de contar las cosas y tampoco me preguntaron. ¡Lo que es la falta de interés y de querer involucrarse! Pero ¿qué más podía esperar? Si viviendo juntos esto ya era así…

¡Qué desilusión más grande! Creer nuevamente en alguien después de lo que costó y sin embargo darse cuenta de que no era la persona que parecía. Me sentía tan equivocada, tan mal de no haberme dado cuenta antes… y culpable por eso. Pero con el tiempo entendí que no lo vi, porque no me lo mostró... fueron realmente dos personas distintas en una. Nos llevábamos unos tres años, él más grande. Tenía su familia, amigos, todo parecía normal. Yo le dije de vivir juntos, y fui yo quien le dijo de casarnos… ¡una locura! Nunca terminás de conocer a la otra persona. Solo el tiempo deja caer las cosas por su propio peso. Y algo había en él, que a pesar de buscar a su hijo para que viniera al mundo… en el momento que sucedió, detonó en él una bomba que destruiría tanto… inclusive nuestra relación.

Y uno a pesar de todo siempre busca, siempre espera, y mi terquedad dice basta, pero mi cuerpo, corazón y alma sienten la necesidad de encontrar a ese otro. Es la luz de la esperanza que genera una adrenalina indescriptible, que da ganas de seguir a pesar de todo.

Y en esto del amor es como todo, que a algunos les toca enamorarse y estar con esa persona hasta los últimos días, que uno los ve en la calle caminando de la mano a esa pareja de ancianos y uno se pregunta ¿cómo lo hicieron?

Otros que hasta se casan varias veces e incluso con la misma persona de la que se habían ya divorciado.

Y otros locos lindos, como yo, que no encajan, que no encuentran, volviéndonos provocadores de desencuentros.

Los otros días leía sobre la amistad una frase que decía algo así, como que es algo tan preciado que se la doy a quien la atesora, y se la quitó a quien no la valora. Y yo soy de ese pensar, y siento que con el amor sucede lo mismo, aunque más que quitar… se desvanecerá.

¡Ay, el amor… el amor! Que tal cual, nos hace suspirar, nos eleva, nos proyecta, nos transforma.

No hay nada más lindo que una mirada de amor, las caricias y abrazos son únicos. Uno siente que se puede terminar el mundo, ya que no hay problema porque estamos juntos.

No hay nada más feo que cuando no lo tenés; la falencia que se siente es muy grande, y hasta a veces insoportable, pero es así, uno se acostumbra a la soledad y hasta se disfruta estar solo, y uno entra en una etapa de enamoramiento con uno mismo, y valoramos lo que nadie supo valorar, y realzamos los supuestos defectos como virtudes y vemos en nosotros eso que reflejábamos en el otro, pero que no era más que eso… el deseo. El deseo de la unión, de compartir, de estar bien, de disfrutar, de ser nosotros mismos sin tener que aparentar.

Y no existe la persona perfecta, y no existe el amor perfecto, y cuando algo nos parece perfecto es simplemente porque no es real. Y creemos en algo que no existe y como tal, se esfumará.

7. ACTITUD… ¿POSITIVA?

En ese momento de mi vida, sentía que necesitaba ayuda, alguien que me orientara, quería resolver todo el matete que tenía en mi cabeza y muchas veces uno solo no puede. Pero quería encontrar una buena profesional y por mucho tiempo busqué y no encontraba y resulta que lo tenía frente a mis ojos y no me daba cuenta.

Muchas veces tenemos oportunidades o incluso lo que estamos buscando enfrente y no lo vemos. Es así que todos los días dejaba a mi hijo en la guardería y siempre veía la placa, pero no me había dado cuenta de que la dueña del jardín era psicóloga y realmente fue como una señal para encontrar a la persona que me guiaría en los años siguientes.

Siempre creí mucho en las señales, son como indicadores que aparecen en tu vida para guiarte en hacer tal o cual cosa… debemos estar atentos y las veremos. Sé que parece difícil de creer, pero inténtalo y verás que es así. Como también es cierto que todo lo que llamamos a nuestra vida, viene, por eso tenemos que tener mucho cuidado con lo que queremos o pedimos, y por otro lado intentar pensar en positivo para no atraer lo malo. Además, la actitud positiva o negativa se contagia… como un bostezo. Por eso a todos nos gusta estar más con gente positiva.

Me gusta desde siempre esta frase:

1 hora de pensamiento negativo repercute por 8 horas en nuestra vida para recuperarse o salir de ese estado.

1 día... 8 días

1 semana... 8 semanas

1 mes... 8 meses

1 año... 8 años

8 años... ¡tendrás el resto de tu vida en negativo!

Y lo positivo atrae lo positivo y lo negativo atrae lo negativo. Es por eso que se dan las "malas rachas o los buenos tiempos". En las malas rachas te pasa todo junto, una tras otra, de mal en peor… y lo peor es que no nos damos cuenta que es uno mismo el que lo está generando. Es muy difícil en ese momento que se atraviesa, registrar que, si uno cambia de actitud, aunque los problemas no tengan solución, todo mejorará de a poco, y alejaremos lo malo.

Pensalo… te habrá pasado en algún momento que todo venía mal, como por ejemplo estar sin trabajo y de repente conseguir trabajo y justo a la vez te llaman de dos o tres trabajos en los que te habías presentado. Parece como algo mágico, y es así… es mágico. Cuando realmente podemos interpretar y hacer carne la ley de la atracción, todo en tu vida y en la vida de las personas que te rodean ¡puede cambiar!

Y es fácil decirlo, pero es difícil aplicarlo. Y el reconocer que todo lo que nos pasa es generado por nosotros mismos también es complicado, pero inténtalo… ¡vale la pena!

No existe la persona 100% positiva… aunque quieras ser positivo hay muchos momentos del día que uno está en negativo. Y es así… es la lucha diaria para lograr estar cada vez más en positivo.

Todo esto está muy relacionado con la autoestima, que se genera por lo que nos dicen las personas que nos rodean. No es raro que todos tengamos tendencia a ser negativos, si desde que nacemos nos encontramos en un entorno o una sociedad que te dice, sos un inútil, nada te sale bien, todo lo rompés, no lo vas a lograr, eso no es para vos, nunca vas a viajar ahí… Entonces cuando nos decidimos a hacer algo empezamos a pensar: ¿para qué si no lo voy a lograr?, me va a ir mal, no voy a poder, esto no es para mí, y cuando querés ver… ya no lo hiciste.

¡EMPEZA HOY! Cambiá tu actitud y verás cómo cambian de actitud los demás también. Y… es que "hay demasiadas cosas que me afectan". Y sí, seguramente, pero SE PUEDE CAMBIAR…

Primero… tratar de eliminar las quejas… Desde niños aprendemos a quejarnos por todo... hasta cuando nos sentamos o levantamos de una silla.

Segundo… tratar de eliminar las excusas... ¡No existen excusas cuando se trata de tu bienestar y tu propio crecimiento! Somos expertos en inventar excusas para los demás y para nosotros mismos, y lo peor es que las terminamos creyendo.

Tercero… ¡no tengas miedo! El miedo paraliza. Hay cosas en la vida que por más miedo o nervios que te generen, no van a dejar de estar. Si una persona, cosa o situación te afecta demasiado, debes tratar de sacarla de tu vida y si no puedes, debes aprender a convivir con ella sin que te afecte. Te doy un ejemplo…

Un hombre camina por el parque San Martín, de aquí de Mendoza, que es muy bello, con muchos árboles y espacios verdes, caminata que todos los días le gusta hacer, para despejarse y disfrutar del paisaje. Pero en eso, se encuentra una víbora en el camino, y de repente, el miedo lo paraliza, no sabe qué hacer, piensa en regresar y luego obviamente no volver más por allí. Pero el tema es ¿por qué? ¿Por qué dejar de hacer eso que tanto le gustaba? Entonces, los días siguientes, sabiendo que la víbora está ahí, igual va y la esquiva y sigue adelante, y el miedo que sintió quedó atrás y aprendió a que eso no cambiará, pero él no permitirá que esto le afecte y perder algo tan preciado para él.

Muchas veces perdemos cosas en nuestra vida por ese miedo, y justamente es no tener que perder o cambiar aquello que quieres por algo que te afecta demasiado. ¡Tú tienes el control!

También tenemos miedo al éxito, porque es algo que buscamos tanto pero cuando lo estás por conseguir, te invaden un montón de incógnitas… y ¿qué voy a hacer cuando me reciba? Y ¿qué voy a hacer cuando me case? Y ¿qué voy a hacer con todo este dinero?

Todos somos capaces y todos podemos lograr lo que nos propongamos. Probá, intentá… sino siempre te quedarás con la duda. Es preferible hacerlo y que te vaya mal, a nunca haberlo intentado.

Ahora si me decís "yo lo voy a lograr", te diré… que tenés razón y que ¡así será!

Y si me decís "yo NO lo voy a lograr", también te diré, que tenés razón y que ¡así será!

Porque lo que vos creas es lo que vas a generar en realidad.

Volvé a tu eje... volvé a tu punto de partida... ¿Qué quiero para mi vida?

"El no perder el enfoque de lo que queremos es
lo que nos va a llevar a vivir una vida en equilibrio y
a estar seguro de nosotros mismos y a querer seguir
siempre adelante".

Otras de las formas para lograr una actitud positiva son las afirmaciones positivas. Frases hechas a la medida de lo que queremos para nuestra vida en ese momento que, aunque no lo tengamos… llegará. Como por ejemplo "Soy feliz", "Tengo una vida feliz y llena de alegría", "Tengo una familia unida", "Soy próspero y todo es positivo"... Lo importante es hacer la formulación en tiempo presente y no decir, por ejemplo, "Voy a tener un auto", sino "Tengo un auto". Está demostrado que si uno lleva esta práctica a la vida diaria en forma continua y repetida ¡las cosas aparecen! Eso que estamos diciendo y repitiendo. Es como que se alinean los planetas y las energías positivas trabajan en conjunto para lograr eso que queremos.

Podemos también ayudarnos con imágenes, o la frase escrita en tal caso, tenerlas pegadas en algún lugar de referencia. Son pequeñas cosas que nos hacen ir hacia ellas.

Lo mismo sucede con las afirmaciones negativas, si pienso que se me va a romper el auto… seguramente se rompe el auto. Porque es lo que estoy atrayendo a mi vida. Por lo tanto, reiterá lo importante de prevalecer con pensamientos positivos y no negativos.

Ahora bien, hay que tener cuidado, porque muchas veces queremos lograr cosas positivas, pero la formulación no es la correcta. Por ejemplo, queremos lograr la paz, pero trabajamos en hacer marchas para la "no violencia", o decimos, "no me voy a enfermar", en vez de decir "estoy sano", no tengo nada.

No te sientas mal por esto, es lógico que así sea, porque desde niños es lo que aprendemos. Preguntamos cosas siempre anteponiendo el NO. ¿No querés ir a jugar? ¿No te tomas un café? ¿No vas a estudiar? ¿No te gustaría ir de compras? ¡Qué ridículo! Si justamente queremos jugar, tomar un café, estudiar o ir de compras… ¿por qué le ponemos el no adelante? Estamos incitando sin darnos cuenta a que la respuesta sea "NO".

Por eso hay que tener cuidado con lo que queremos y deseamos y cómo lo deseamos.

Además de estas estrategias para tener una actitud mental positiva, están también las declaraciones que definitivamente logran en forma inmediata cambios en nuestras vidas. Uno decreta, las declaraciones van marcando nuestra vida.

Las declaraciones son:

El SÍ: tenemos que aprender a saber "qué queremos y qué no queremos en nuestra vida", que es lo mismo que decir… qué aceptamos y qué rechazamos. Hay personas que no son ni sí ni no, son personas NI. Por lo general son muy dependientes y nada sucede porque ellos lo generan, sino ¡porque así lo deparó la vida! Y siempre ven las culpas en el afuera. El decir SÍ decreta cosas en tu vida y todo cambia y se acomoda a ello, como cuando uno se va a casar, por ejemplo, decís SÍ y todo se prepara para una fecha y hay que hacer todo en tiempo y forma para lograrlo.

El NO: lo mismo sucede en este caso. Decir No, es decir, "no quiero esto en mi vida". Podemos decir NO, BASTA a algo malo que viene sucediendo. O NO, a algo que va a pasar y no queremos.

Ambas palabras requieren de una buena personalidad formada y son grandes guías en nuestro camino. Y el coraje y la valentía son su soporte y el respeto a la palabra también, ya que, si decís que sí o no a algo y luego lo cambias en los hechos…de nada sirve.

El GRACIAS: debemos aprender a ser agradecidos con la vida, y con las personas. Y el decirlo es una declaración que nos abre puertas, justamente con las personas y con la vida. Practícalo y ¡vas a ver qué cierto! El tema es que tiene que ser genuino para que genere resultado.

El PERDÓN: esta declaración tiene tres aspectos, sería:

Saber perdonarse a sí mismo por los errores cometidos.

Saber perdonar a los demás por diferentes motivos de discordancia.

Saber pedir perdón a los demás.

Esta declaración del perdón nos libera de cargas, que a veces llevamos por mucho tiempo y pesan en nuestra vida. Al liberarnos, dejamos lugar para cosas nuevas y positivas, y esto es sumamente sanador.

El AMOR: no solamente sirve sentirlo, sino que hay que saber decirlo, demostrarlo. Todos los días tenemos la oportunidad de decirles a las personas que tenemos a nuestro alrededor que las queremos y cuánto las queremos, y la mayoría de las veces no lo hacemos y luego nos arrepentimos de ello. El decir que uno quiere al otro en todos los niveles de la vida, aunque ese amor no sea correspondido, crea un ámbito más propicio para la armonía y para que todo fluya más naturalmente. Prepara el terreno para que todo surja mejor.

Después de poner en práctica todo lo narrado, te conté antes…, encontré a esa persona que ha sido mi gran orientadora, que en cierta forma me ha marcado el camino a seguir, que me ayudó a abrir puertas cerradas para mí, que me ayudó a ver cosas que tenía, pero no las veía o por lo menos no de esa forma. Un buen tratamiento psicológico es tan interesante y necesario, es muchas veces como charlar con uno mismo, pero viendo las cosas desde otra perspectiva. Siempre es uno el que toma las decisiones, pero está muy bueno tener un abanico de posibilidades para ver y elegir, y muchas veces eso, solos, es imposible lograrlo.

Y me vuelvo a preguntar en ese momento… como en páginas anteriores…

¿Cómo volver a creer?

El tiempo es como dicen… una gran terapia, muchas veces cura, muchas veces resuelve cosas o las vemos de forma diferente… desde otra perspectiva y así entenderlas mejor. Y el transitarlo y hacer el duelo que corresponde es sano y te permite seguir adelante y estar listo para nuevas cosas.

Cuando uno no hace un duelo correctamente o nos quedamos a mitad de camino sin haberlo superado nunca… se vuelve una situación nociva que nos estanca.

El duelo no es solo por la muerte de un ser querido, se produce frente a cualquier pérdida como la separación, la ruptura de una amistad, el quedarse sin trabajo, el avance de las etapas de la vida... adolescencia, adultez y vejez, inclusive pérdidas materiales como una casa, un auto. Y más aún... solo menciono algunas.

En todos esos casos, debemos pasar un proceso doloroso, pero hacerlo ¡es sanador para el alma!

El tiempo que lleva resolver un duelo no es igual que el cronológico y es único de cada persona. Así pueden ser meses, años… o nunca.

Lograr el equilibrio

Aunque partas del peso de una pluma, y no tengas nada a tu favor, puedes reconstruirte, siempre y cuando mantengas el equilibrio. Y al final, te darás cuenta de que por esa pluma insignificante construiste todo tu ser, y sin ella serás... nada.

Cuántas veces quisiéramos quitar algo de nuestras vidas, aunque parezca insignificante, sin ello, no seríamos los mismos, todo hubiera cambiado.

Y eso, aunque parezca que no pesa, para uno puede pesar bastante, porque cada uno le da el significado propio a lo que tiene en su vida. Y nos quejamos de la vida propia, no de la ajena. Y de algo simple, tal vez hacemos un mundo. No hay una regla que mide. En la mente humana, la regla dimensional existe, pero es única de cada persona. No hay comparación lógica con alguien más, y eso es sumamente respetable, desde mi punto de vista.

Cada *cosa* que pasa en nuestra vida tiene una razón de ser.

De los momentos simples e insignificantes surge lo mejor de nuestra esencia.

8. "A QUIEN ME VIO NACER"

Hablando de pérdidas importantes en la vida, creo que la pérdida de una madre no tiene comparación. Lógicamente para aquellos que tuvimos la suerte de tener una madre biológica o de corazón que diera todo por nosotros. Y hago esta aclaración porque lamentablemente uno sabe de muchos casos de abandono o aun estando presentes, es como si no estuvieran...

En mi caso particular, mi mamá marcó los pilares fundamentales de mi vida... Hubo tanto que no entendí en su momento, y después con el paso de los años comprendí y obtuve tantas enseñanzas… algunas hechas carne, porque es en gran parte lo que me formó como persona, y otras… que vivo intentando aplicarlas.

¡Es impresionante las huellas que dejan las madres! Y es así, desde el momento que estamos unidos en su vientre. Es un lazo único que por más que nos corten el cordón umbilical, este seguirá existiendo inclusive después de la muerte.

Ella me legó el trabajo, el esfuerzo, la pasión, el valorar todo lo conseguido por más mínimo que fuera; la perseverancia, la terquedad en lo que uno quiere. El ser dueña de mi propia vida. He intentó heredarme la paciencia, que casi no poseo y que tanto me cuesta, pero con el paso del tiempo me he ido amoldando…

"Hay muchas cosas en la vida que solo con tiempo y espera aparece su resolución".

Una mujer luchadora, activa, desprendida de lo material, que se conformaba con tan poco y con ese tan poco ¡obtenía tanto!

Siempre fuimos una familia muy humilde. Recuerdo la casa vieja de Villa Mercedes... se caía el revoque todas las noches, o cuando llovía poníamos cantidad de tachos y baldes. Ese pasillo largo sin timbre, la galería, las moras, la parra, el patio. Las habitaciones amplias con piso de madera, techo de chapa. Las muñecas de trapo hechas por mamá, la cocina a leña, el frío.

Tuvieron que trabajar mucho para mantenernos, eso hacía que la mayoría del tiempo, los hijos estuviéramos solos.

Pero no todos fueron momentos malos y grises, también hubo muchas cosas buenas y de disfrute.

La vida en familia es única de cada familia, la comunicación o no, el diálogo, el compartir... la forma de convivir. Y de allí salimos lo que somos…

Creo que como mujer intentó hacer en su vida lo mejor, como hija, hermana, esposa y madre. Y eso es lo valioso… tratar de ser completo en todos los roles que nos tocan, porque de nada serviría ser una buena madre pero una pésima hija, ¿no? (como ejemplo figurativo lo digo). Y rescato que esto es una característica relevante más de la mujer que del hombre, el querer abarcar todo y hacer varias cosas a la vez, y no se trata de culpas, sino de crianzas diferentes a nivel familia y social, pero que se propaga años tras años…

Creo que también como padres debemos entender que muchas de las enseñanzas que le queremos brindar a nuestros hijos, no se van a ver en el momento actual, sino recién con el paso de los años, uno como hijo puede interpretarlo. Tal vez por la madurez o el mismo hecho de que la distancia o el cambio de perspectiva te hace ver o comprender las cosas de otra manera… Lindo ejercicio es este, cuando uno está atravesando por algo difícil en su vida, tratar de verlo de afuera, como si te lo estuvieran contando, de lejos es otra nuestra perspectiva que la que tenemos al estar inmersos en la situación.

¡Y cuántas cosas pasamos juntas y cuántos momentos!

Y fue por el 2001 aproximadamente cuando ella empezó a adelgazar, bajó en un corto período, más de 30 kilos, y estar acostumbrado a verla rellenita, era como estar con otra persona… Y empezaron los estudios y el ir de médico en médico…

Es increíble cuando una persona se enferma todo lo que pasa y transcurre, no solo en ella sino en todo su entorno familiar, cómo cambian las vidas y todo, absolutamente todo, gira en torno a eso.

Ella era maestra. ¡Qué vocación única! Tantos años dedicados a la docencia, horas y horas de trabajo en la escuela y fuera… porque en casa tenía que preparar tanto material y corregir pruebas y demás. ¡Lo hacía con tanto amor! Seguramente habrá quedado su recuerdo en tantos niños ya adultos.

Pero hay algo que no les conté del principio y es muy importante de como vinimos al mundo mis hermanos y yo. Ella no solo era maestra ya desde el momento de conocerse con mi padre, sino que también ¡era monja! Sí… 9 años de su vida los dedicó al servicio católico, comenzando en la Argentina, la derivaron luego a Uruguay, donde vivía mi padre que llevaba a su hermana 11 años menor a un colegio de monjas, donde mamá era su maestra. Qué loco, ¿no? Y así se conocieron... pero esto no es todo, mi papá estuvo estudiando como seminarista durante un año en Buenos Aires (Argentina), pero decidió volverse a Uruguay. Obviamente no llegó a serlo y mi mamá dejó los hábitos por otros motivos también, ya que vivía muy mal en el convento y no era bien tratada y había un par de monjas muy malas con ella y ya se le estaba haciendo muy cuesta arriba… Es increíble encontrarse con personas que dicen ser servidoras del Señor, pero que son un desastre como personas… lamentable.

Así, luego de quedarse en la calle solo con lo que tenía puesto, volvió a la Argentina. Eran tiempos difíciles y su familia muy católica la castigó moralmente por esto.

Siguieron el contacto con mi padre vía carta y así, él la animó a volver a Uruguay y formar una familia juntos. Se casaron a pesar de todo por Iglesia, nació mi hermano en Uruguay y luego ya se fueron a Buenos Aires donde nació mi hermana, y siguiendo mamá como maestra la derivaron a una escuelita rural del sur del país y allí fueron, luego otra vez Buenos Aires y ahí nací yo, y el resto de la historia ya la conocen…

Y así, enferma, tenía que seguir trabajando, y los estudios salían normales y decían que era psicológico lo que tenía, ni licencia le daban para no tener que ir a la escuela. Recuerdo el sacrificio que hacía ya delgada y con tantos dolores para tener que seguir trabajando. Tenía todos sus años de aporte para jubilarse pero hubo un par de años que no se los reconocían de cuando fue maestra siendo monja, habíamos intentado varias veces que lo reconocieran pero no había caso. Y así sucedió mágicamente que conseguí una comunicación con una de las monjas a cargo de donde ella había estado por aquellos años y buscó los archivos y nos envió los benditos comprobantes y ¡se jubiló! Increíble…

Por ese entonces, vivíamos en San Luis. Y la trataban por colon irritable y no había mejoras. Decidimos llevarla obligada a otra provincia, Mendoza, donde en tan solo una semana y un par de estudios nos dieron el diagnóstico de cáncer. Había tomado el colon y tenía un tumor de más de 10 centímetros. Los médicos nos dijeron que hacía como diez años que lo tenía, lo que pasa es que este tipo de cáncer es mucho más lento que otros y de agarrarse a tiempo es curable inclusive porque se opera, se saca todo lo malo e igual sigue habiendo intestino para rato... Pero en este caso ya estaba muy avanzado y si bien se operó y comenzamos con quimioterapia y más tarde rayos… todo fue propagándose.

Cuando escuché la palabra cáncer, para mí, fue determinante, y vi pasar en un segundo todo lo que iba a suceder. Ya nada volvió a ser igual.

Creo que todo es un comercio, que la cura del cáncer ya hace rato que existe pero se gana aún más con el tratamiento en sí. El tema es por qué se genera el cáncer y por qué cada vez son más las personas que lo padecen y de todas las edades.

Mi teoría es que uno mismo se lo genera, más allá del factor orgánico predisponente. Todo lo malo que vamos viviendo y recibiendo a lo largo de nuestra vida debemos saber procesarlo y sacarlo de nuestro cuerpo y nuestra alma. Sino todo eso se va acumulando en algún lado, las tensiones, las angustias, los malos tratos, los rencores, la venganza, envidia, las mentiras. O ¿no existen acaso las enfermedades psicosomáticas?

Es fácil pensarlo y decirlo y otra cosa es llevarlo a la práctica. Pero uno se puede acostumbrar a sonreír, a pesar de todo.

Y sonrío, no porque siempre me vaya bien en la vida, sonrío porque ya pasé bastante tiempo triste y la verdad me cansé de andar buscando culpables.

Sonrío porque es mi mejor arma para conquistar lo que quiero, porque a pesar de tantas tragedias, mi corazón sigue siendo sincero.

Sonrío por mí, por lo que soy, porque lo merezco.

Kelvin Torres

¡Qué increíble, tener que irse a otra provincia porque donde uno vive no hay recursos para detectar semejante cosa y para colmo atribuir a que el problema era psicológico! Pobre mi madre que solo ella sabe lo que sufrió y todo lo que pasó. Y lo que calló, para que uno no se sintiera tan mal. Y así, llegando a no moverse ni caminar, con todo lo que eso implica, ella siempre te miraba, sonreía y te guiñaba el ojo. ¡Qué ejemplo de mujer!

Y al poco tiempo ya cada vez más delgada y débil y uno habiéndose preparado de a poco para lo que iba a suceder… sucedió. Y para uno es tan difícil procesarlo, aceptarlo y superarlo. Y al día de hoy, ya tantos años desde su partida, aun parece increíble que no esté…

La trasladamos a Sampacho, pueblo en donde nació, y cada tanto viajo a llevarle flores…

No estará físicamente, pero sí está espiritualmente. Es increíble su presencia, ayuda y protección en todo momento y hasta a veces se siente más presente que antes.

Siempre nos contó que ella a su mamá nunca le pudo dar un beso, esas costumbres de antes... y solo pudo hacerlo cuando falleció, ¡qué triste!, teniendo ella 15 años y un montón de hermanitos a cargo porque era la mayor. Yo, por lo contrario, puedo decir que la disfruté mucho y no nos privamos de besos y abrazos y que cuando falleció, no pude darle un beso porque sentí que ya no estaba ahí.

Y trato de recordarla siempre bien y contenta con la alegría que la caracterizaba, pero me cuesta borrar de mi mente el momento de su partida. De los tres hermanos, me tocó a mí esa noche de hospital y entre su jadeo permanente por su agonía y yo intentando acariciarla y calmarla, de repente, dejó de respirar y con sus ojos abiertos al mundo se despidió. Y cada 18 de junio, a las 4 de la mañana, revivo ese momento y el correr desesperada por los pasillos del hospital. Y la extraño… ¡te extraño, mami! y sé que estás conmigo porque te siento cerca y porque siempre que me pasan cosas malas, se resuelven bien.

Y como dicen, las cosas que uno quiere hay que hacerlas en vida, y siento que realmente lo pude hacer con ella, pero siempre me quedó algo pendiente, y es una carta que le había empezado a escribir dos días antes de que falleciera y no pude terminarla ni dársela a tiempo, se la dejé en el cajón cuando la sepultamos, pero siempre me quedó eso, me hubiera gustado dársela en vida.

Y los tiempos cambian y el mundo avanza, con la tecnología hoy en día se pueden hacer tantas cosas, pero yo no tengo ningún video, solo fotos y los recuerdos vivos en mí. Pero sí existe un casete, que mi hermano grabó en diferentes situaciones en los últimos tiempos con ella. Nunca lo escuché porque cada vez que lo intentaba era demasiado fuerte. Recién después de 12 años, lo hice y escuché su voz, fue muy reconfortante y emocionante.

Tenemos ese mecanismo de defensa que es la negación y que muchas veces extiende nuestro proceso de duelo. Pero cuando uno ya lo acepta, todo se ve más claro y natural y podés revivir con la memoria a aquella persona que ya no está, en cada cosa que uno hace o emprende, compartir alegrías y tristezas y hacerlas partícipes de nuestro día a día.

Hay fechas que quedan marcadas... cuando nos dieron el diagnóstico faltaban dos días para mi cumpleaños 26, obviamente lo viví muy triste y ya el próximo cumpleaños mamá no estaba, por lo que también lo viví muy triste. Y así, cada cumpleaños siguiente, los vivo muy triste. En todos estos años solo en una oportunidad lo festejé, en los demás, traté de viajar, de no estar. Y otros, estando donde vivía no quise estar con nadie. Y hay gente que lo entiende y hay otras que no, pero solo uno sabe los por qué y si bien uno trata de estar bien, hay veces que es más fuerte que uno.

Lo curioso es que yo recuerdo que al menos, los últimos años de mi madre, en su cumpleaños ella estaba muy triste, yo le hacía una torta y tratábamos de que pasara lindo, pero siempre estaba triste y yo no la podía entender. Pero claro, ahora sí, que la entiendo.

Y cada uno tiene derecho a vivir su cumpleaños como quiere y a veces es bueno hacer catarsis. Si bien está el año nuevo anual, está también el año nuevo de comienzo en nuestro cumpleaños, es un nuevo año de oportunidades y es un momento muy importante en la vida de cada uno de nosotros.

Contaba antes de cuando estuve con depresión, fueron momentos muy difíciles. Recuerdo una madrugada en mi sueño profundo que ella se me acercó a mí en la cama y en el oído me dijo "SIGUE". Allí desperté. Fue muy extraño, cortito, pero ¡tan, tan real! Y así fue… en los momentos más difíciles recuerdo ese instante y ¡SIGO!

Luego de que ya no estuviera con nosotros, encontramos una carta que nos había escrito a sus tres hijos. Realmente fue muy conmovedor porque justamente la había dejado a propósito para que la leyéramos cuando ya no estuviera y principalmente su mensaje era que nos mantuviéramos unidos los tres hermanos a pesar de todo. A pesar de nuestras diferencias. Y es lo que hemos intentado en todos estos años, creo, a pesar de la distancia, porque vivimos en diferentes provincias y Silvia en otro país. Pero el lazo de sangre es más fuerte y uno piensa en el otro todo el tiempo. Cada uno vivió y vive diferente la pérdida de nuestra madre, cada uno a su manera y si… si somos distintos, pero lo importante es saber que contamos con ella, a pesar de todo.

El tener que ver lo material que quedó de quien ya no está, y no me refiero a los bienes materiales sino a su ropa, las cosas guardadas. Y ahí uno realmente entiende eso que dicen que de material no te llevás nada, cuando te vas de esta vida, y tanta importancia que le damos a veces a objetos o cosas o situaciones materiales, me refiero a discusiones por aferrarnos a algo material que al final no tiene sentido.

Y miro mi placar y mis papeles y chucherías que atesoro, salvo algunas cosas, me he ido despojando en todos estos años porque es verdad que no tiene sentido tenerlas. Pero la tendencia innata que todos tenemos, porque se nos impone socialmente desde que nacemos, es aferrarnos a lo material, entonces cuesta mucho salir de esa órbita.

Y el gran cuestionamiento de la vida… ¿qué pasa después de la muerte? Y más allá de todas las teorías existentes, sabemos que algo hay, y su alma está en algún lugar o en todos los lugares a la vez.

Ella tenía una relación especial con la luna. Escuchaba y veía cosas que uno no podía. Y había momentos que incluso salía corriendo a verla. Es por eso que a través de la luna también puedo comunicarme, sé que allí la encuentro.

En mi caso particular su presencia es notoria y sé que me ha acompañado y me acompaña en todo lo que hago y sucede. Les hablé de esa percepción especial con la que yo contaba, pero esto se incrementó más en mí desde que ella no está físicamente, y sé que es ella, que me indica por donde ir o que hacer. ¡Señales! Solo hay que estar atentos a ellas y saber seguirlas e interpretarlas inteligentemente.

Así… personas que entraron en mi vida, parejas, amistades hasta mi propio hijo, sé que vinieron a mi vida con su ayuda. Como también salieron o cambiaron en mi vida porque así tenía que ser. Es el camino hacia dónde vamos, pero no vemos; que solo los de arriba sí lo conocen y nos pueden guiar.

Encontré hace poco una carta que me había escrito cuando tenía yo 25 años. Y si bien no la voy a transcribir toda, pero si quiero compartirles estos fragmentos:

Deseo que estas pocas líneas sirvan para agradecerle a la vida el haber tenido a mis tres hijos. Cada uno con sus características buenas. Todos tenemos errores y equivocaciones, lo importante es reconocerlos y seguir adelante para no volver a caer en el mismo hueco.

El tiempo pasa pero queda la experiencia y el amor brindado. No siempre se cosecha a raudales, pero son muchas las oportunidades de ser cada vez mejor y autovalorarnos más.

No podemos hacer el Bien, si no estamos bien.

Me siento orgullosa de ti y de tus hermanos, cada uno es especial.

Te quiero muchísimo y deseo que seas feliz, respetándote y que te respeten. Respaldando y siendo respaldada en todo.

Recibe un abrazo muy fuerte y que te dé toda la energía que necesites.

Con cariño…

Tu mami

¡Cuántas enseñanzas en tan pocos renglones! Todo aquel que la conoció se saca el sombrero ante ella. Como me hubiera gustado que todos conozcan a esta gran mujer, espero trascienda a través de mis palabras.

"Ojalá vivamos nuestra vida haciendo que cuando no estemos, los demás se saquen el sombrero por nosotros".

9. ÁRBOL GENEALÓGICO

Es bueno saber los orígenes de uno. Pensar en ese abuelo, abuela, tatarabuelo... ¿qué ha sido de sus vidas? ¿Cómo se entretejió el destino, para que hoy estemos acá?

Así, fui armando mi árbol genealógico, que poco podrá llegar a tener interés para ustedes, pero les propongo y animo a hacer el suyo.

MI ÁRBOL GENEALÓGICO

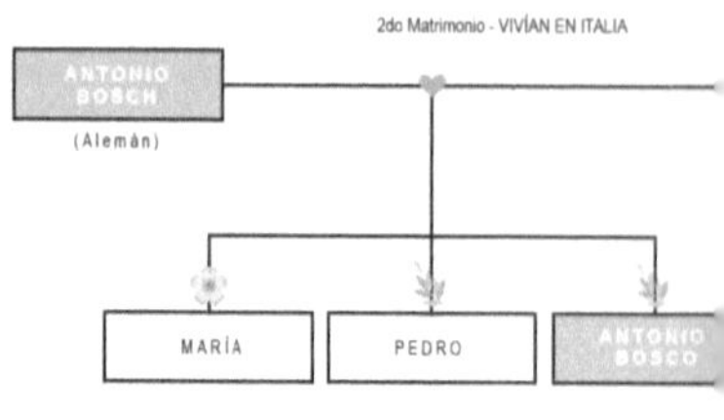

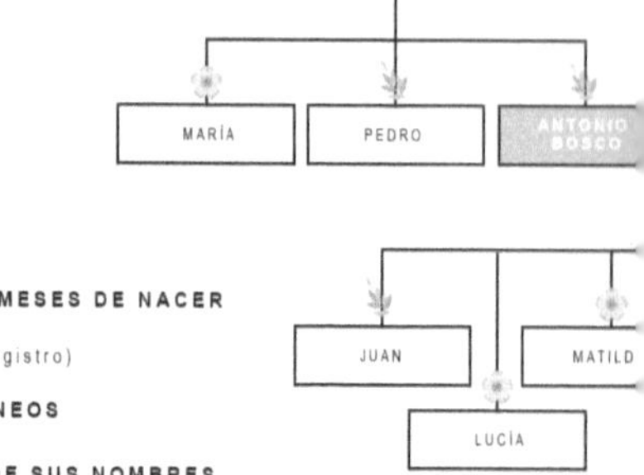

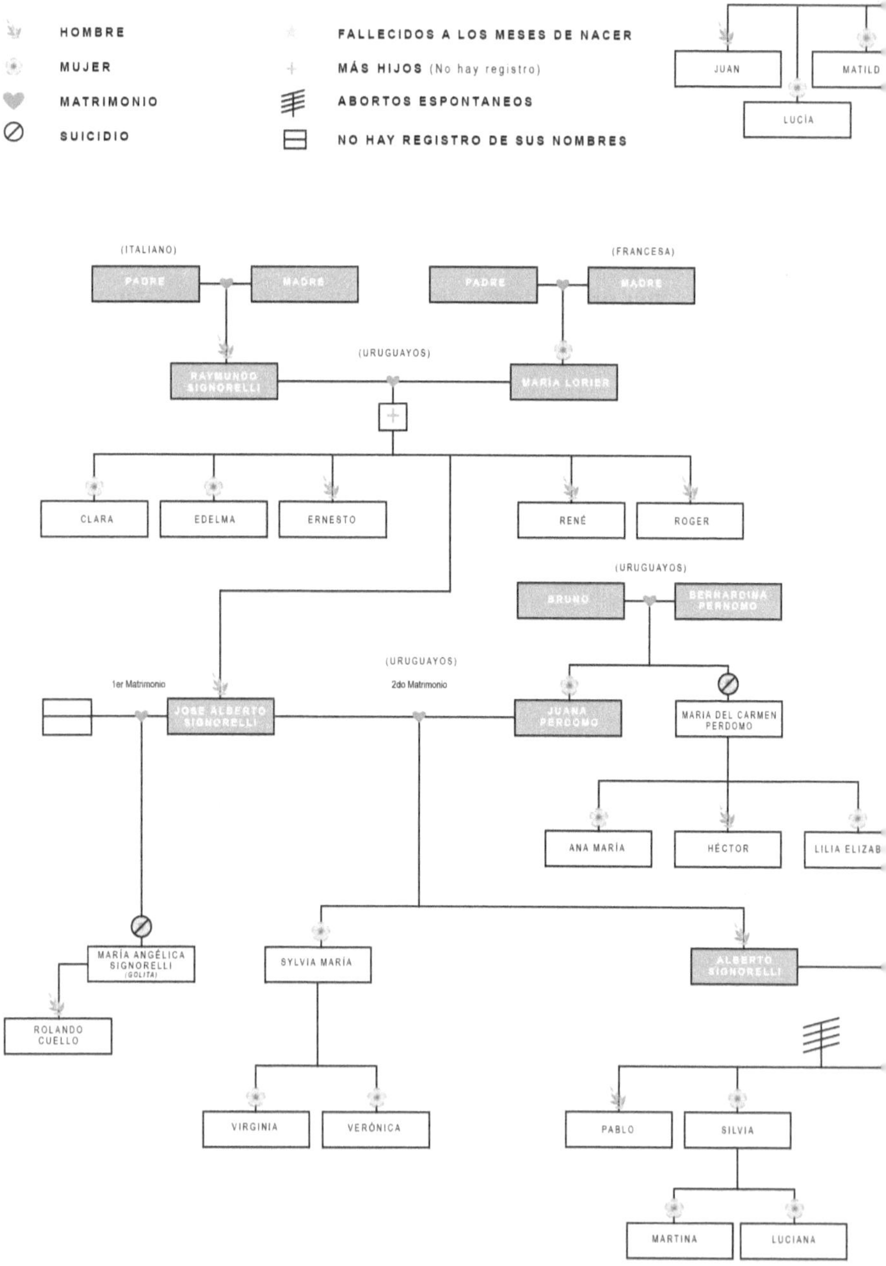

Referencias:

- HOMBRE
- MUJER
- MATRIMONIO
- SUICIDIO
- FALLECIDOS A LOS MESES DE NACER
- MÁS HIJOS (No hay registro)
- ABORTOS ESPONTANEOS
- NO HAY REGISTRO DE SUS NOMBRES

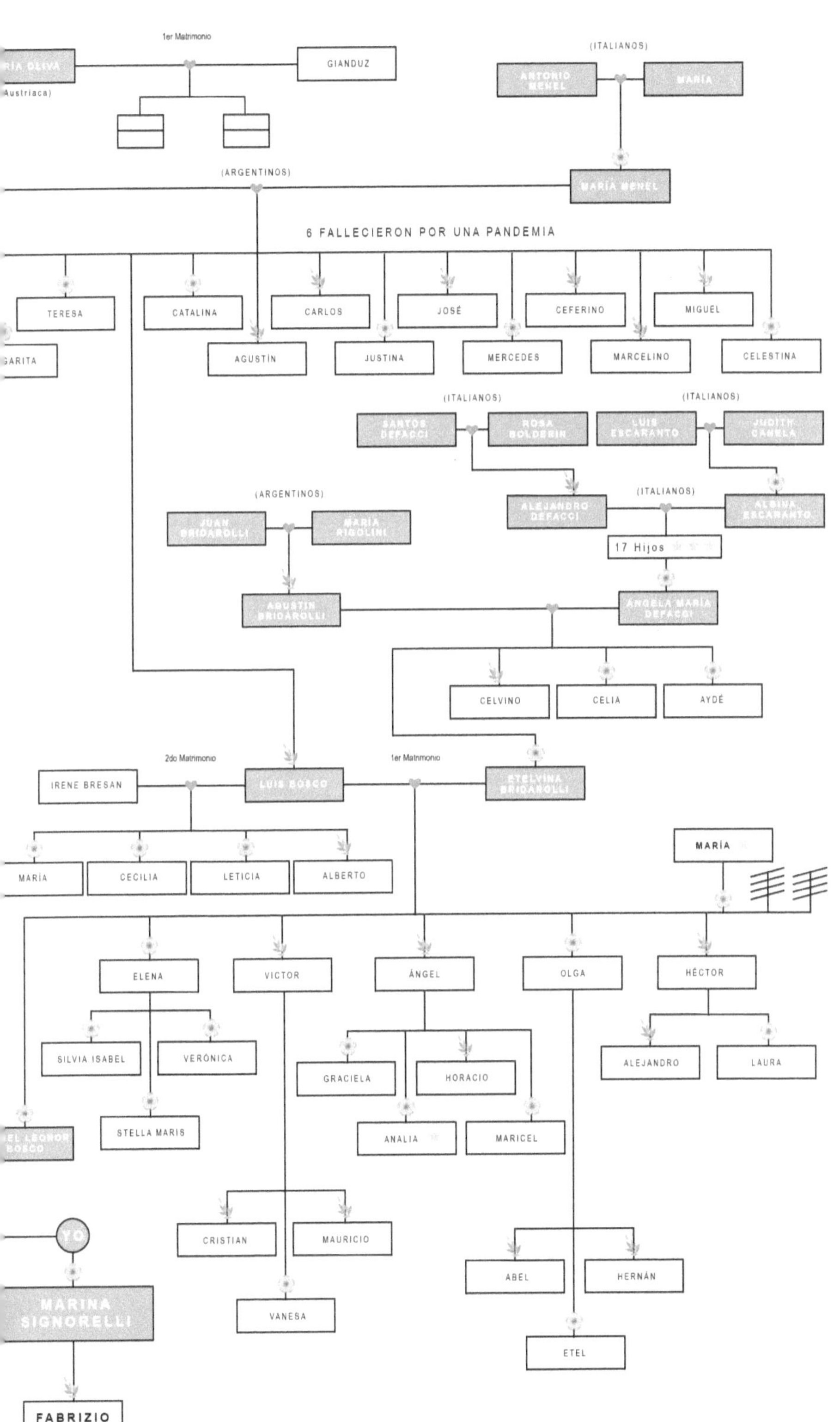
1er Matrimonio
MARÍA OLIVA
(Austriaca)
GIANDUZ
(ITALIANOS)
ANTONIO MENEL
MARÍA
MARÍA MENEL
(ARGENTINOS)
6 FALLECIERON POR UNA PANDEMIA
TERESA
CATALINA
CARLOS
JOSÉ
CEFERINO
MIGUEL
MARGARITA
AGUSTÍN
JUSTINA
MERCEDES
MARCELINO
CELESTINA
(ITALIANOS)
SANTOS DEFACCI
ROSA BOLDERIN
(ITALIANOS)
LUIS ESCARANTO
JUDITH CANELA
(ARGENTINOS)
JUAN BRIDAROLLI
MARÍA RIGOLINI
ALEJANDRO DEFACCI
(ITALIANOS)
ALBINA ESCARANTO
17 Hijos
AGUSTÍN BRIDAROLLI
ÁNGELA MARÍA DEFACCI
CELVINO
CELIA
AYDÉ
2do Matrimonio
IRENE BRESAN
LUIS BOSCO
1er Matrimonio
ETELVINA BRIDAROLLI
MARÍA
MARÍA
CECILIA
LETICIA
ALBERTO
ELENA
VICTOR
ÁNGEL
OLGA
HÉCTOR
SILVIA ISABEL
VERÓNICA
GRACIELA
HORACIO
ALEJANDRO
LAURA
ISABEL LEONOR BOSCO
STELLA MARIS
ANALIA
MARICEL
YO
CRISTIAN
MAURICIO
ABEL
HERNÁN
MARINA SIGNORELLI
VANESA
ETEL
FABRIZIO

Mi padre nació en Uruguay, su mamá, Juana Perdomo, y su papá, José Alberto Signorelli Lorier, se llevaban 16 años (él, mayor). Yo no lo alcancé a conocer, porque falleció dos años antes de que yo naciera, en 1974, a sus 69 años. Pero realmente toda la familia lo recuerda muy bien. Ferroviario, y mi abuela, operadora telefonista.

Alberto Signorelli Perdomo, mi padre, nació en 1950 y cuando tenía 11 años, nació su hermana Sylvia María Signorelli.

Ambos tenían una media hermana, María Angélica Signorelli (*Golita*), hija del primer matrimonio de mi abuelo, cuya esposa falleció de un tumor cerebral cuando *Golita* tenía 20 años.

Golita conoció a Julio Cuello, marinero, que la dejó sola con su hijo Rolando Cuello, que luego se fue a vivir a Australia.

Golita, alrededor de sus 50 años, se suicidó metiéndose al mar, según dicen, en la playa Pocitos de Montevideo, Uruguay.

Mi padre no conoció a sus abuelos paternos: María Lorier y Raymundo Signorelli, ambos uruguayos, pero de origen italiano mi tatarabuelo, y francesa mi tatarabuela.

Ambos tuvieron seis hijos conocidos, porque parece que fueron más, en aquel entonces se acostumbraba repartirlos en diferentes familias para ser criados. Todos ya fallecidos. Mi abuelo José y sus hermanos Roger (a quien alcancé a conocer), René (médico), Ernesto (pastor evangélico), Edelma y Clara. Todos ellos con sus hijos y descendencia, siendo así varios primos y tíos que tenían contacto con mi padre.

Clara, en un viaje en auto, con sus hijos y esposo fueron atropellados por un tren y murieron todos.

La hermana de mi padre, Sylvia, se casó con Luis Villalba y tuvieron a mis primas Virginia y Verónica.

Mi abuela *Juanita,* como la conocíamos... Juana Perdomo nació de un señor de apellido Bruno, que no conoció, porque dejó a su mamá, Bernardina Perdomo, (que falleció cuando yo era muy chiquita), con dos niñas y, como era de familia de campo, fue una gran deshonra que se quedara embarazada, por lo tanto, la echaron.

Ambos eran uruguayos y concibieron a Juana y María del Carmen Perdomo, quien se casó y tuvo tres hijos y se fueron a vivir a Barcelona. Alrededor de sus 70 años, se suicidó tirándose de un edificio.

"La tía Carmen", como le decía siempre mi viejo, era más chica que mi abuela. Y las dos estuvieron sin hablarse por muchos años. Como también mi abuela no tuvo relación con su hija desde la adolescencia hasta casi su muerte.

Mi abuela Juanita vivió sola en Uruguay hasta el 2002, que falleció a sus 81 años; yo tenía unos 24 años por ese entonces, y la vi solo en cuatro oportunidades, nada más.

Mi padre a los 17 años se fue a Buenos Aires, Argentina y estudió por un año para sacerdote, pero abandonó y volvió a Uruguay. Llevaba a la escuela a su hermana, once años menor, y allí conoció a mi madre. Monja ya hacía 9 años y maestra de su hermana. Se quedaban a charlar, solo apenas, a la salida de la escuela, pero empezaron a escribirse cartas.

Mi madre, Isabel Leonor Bosco, estaba en un convento de Montevideo, pero era oriunda de Sampacho, Córdoba, Argentina. Decidió dejar los hábitos y regresó a su país. Pero mi abuelo, quien siempre fue muy católico, le hizo notar la deshonra que significaba que ella renunciara a sus votos.

Siguió escribiéndose con mi padre (cuyas cartas tuve en mis manos y las pude leer en una oportunidad viviendo su amor, volví al pasado). Entonces, decidió viajar a Uruguay para intentar iniciar una vida con mi padre, primero se quedó en la casa de una amiga, y luego ya casados vivieron juntos.

Cuando ella tenía 29 años y él 21 (se llevaban nueve años), nació mi hermano Pablo, en Uruguay, y luego decidieron venir a Argentina, a Buenos Aires, donde nació mi hermana Silvia; al tiempo pierden un embarazo y después nací yo.

Mi madre nació en 1941. Hija de Etelvina Bridarolli y Luis Bosco, argentinos, quienes se casaron y tuvieron muchos hijos; varios murieron durante la gestación o ni bien nacidos, por lo que se acostumbraba a tener hijos en demasía.

Mi madre, la mayor de seis hijos, Elena, Víctor, Ángel, Olga y Héctor. Luego del menor, Héctor, nació otro bebé, una nena, María, pero estaba muerta ya al nacer, y después dos embarazos más que se perdieron.

Su mamá, Etelvina, falleció a los 34 años, por un aborto espontáneo, le quedó placenta, que provocó una infección y murió. No pudieron despedirse, ya que todo sucedió cuando estaba internada. Mamá tenía quince años para ese entonces, quedando a cargo de los hermanitos, el más chico tenía 4 años. Era familia de campo.

Luego, mi abuelo se casó a los dos años con Irene Bresan, con quien tienen cuatro medios hermanos: María (vive en Alemania), Cecilia, Leticia y Alberto.

Su madrastra, Irene, falleció de una complicación de asma, luego de unos 20 años de matrimonio aproximadamente. Poco contacto tuve con ella.

Cada uno con su descendencia, así que somos muchos primos y tíos.

El *nono* Luis tenía 15 hermanos: Juan, Lucía, Matilde, Margarita, Teresa, Catalina, Agustín, Carlos, Justina, José, Mercedes, Ceferino, Marcelino, Miguel, Celestina... Seis de ellos fallecieron en una pandemia, en 1923, y la pequeña, en 1936, a los tres meses de edad.

Sus padres, mis bisabuelos, Antonio Bosco y María Menel, argentinos. Antonio originario de Italia, su padre (mis tatarabuelos), Antonio Bosch, alemán, y su madre, austríaca, María Oliva, viuda de Gianduz, con quien tuvo dos hijos, y luego con Antonio, tres hijos más: Pedro, Antonio y María.

Los padres de María Menel eran italianos (mis tatarabuelos), Antonio Menel y María.

Mi abuela Etelvina Bridarolli, hija de Ángela María Defacci y Agustín Bridarolli. Tuvo tres hermanos, Celvino, Celia y Aydé.

Mis tatarabuelos Alejandro Defacci y Albina Escaranto, por parte de mi bisabuela Ángela, eran italianos. Tuvieron 17 hijos, 3 de ellos muertos al nacer. Mis trastarabuelos Santos Defacci casado con Rosa Bolderin y Luis Escaranto casado con Judith Canela. Todos italianos viviendo en Sampacho. Por parte de mi bisabuelo Agustín, sus padres Juan Bridarolli y María Rigolini, eran argentinos.

Mi madre falleció de cáncer en el 2003, a los 62 años.

Mi abuelo falleció a los 94 años en el 2010, a un mes de cumplir 95. Teniendo un total de 10 hijos y 23 nietos.

Los demás hermanos de mi madre y mis primos están todos vivos.

Después de armar este árbol, entendí varias cosas en mí, que no le hallaba explicación. Mi tendencia suicida, mi baja autoestima, mi extremidad en todo, terminar relaciones y cortar vínculos. Tuve que aprender a vivir en los grises, y a ver que estaba bien que no fuera ni blanco, ni negro, y de a poco incorporar una escala de colores, para tener una vida mejor.

10. LA FE

A raíz de lo que mis padres vivenciaron, ellos decidieron no bautizarnos al nacer, a ninguno de los tres, y así cuando ya fuéramos más grandes cada uno elegía su religión.

Ahora… ¡qué complejo para un niño crear su propia visión de la fe y la religión, si de la propia familia no te lo inculcan y aún más conociendo las malas experiencias vividas por ellos!

Creo que nuestra fe o religión va a estar determinada también por la época de la vida en la que a uno le toca vivir. Me refiero a que no es lo mismo la fe de nuestros antepasados, donde todo era más marcado y riguroso y había muchas cosas prohibidas, y donde la mayoría se volcaba al catolicismo, a la época en que nací yo que, si bien la religión católica predominaba, empezaron a aparecer un montón de otras ramas y religiones paralelas. Y ni hablar en la actualidad, que se ha tergiversado todo, y ya muchos ni saben que es la fe y la religión.

Tener una creencia te lleva a tener un camino a seguir, a tener una guía, a tener esperanza, a vivir por algo, a ayudar a los demás, a fomentar el amor propio y hacia las personas. Sin importar qué religión sea, ese debería ser el motivo de formar parte.

Lógicamente como lo he planteado, ningún extremo es bueno, ni aquel que se vuelve obsesivo por su religión, ni aquel que no cree absolutamente en nada.

Así se fue formando en mí la necesidad de creer en algo o alguien. Y fue alrededor de mis 13 años que entré a formar parte de un Grupo Scout, fue una experiencia maravillosa y realmente enriquecedora en mi vida, ya que en el mismo se recalca el contacto con la naturaleza, las buenas acciones, el ayudar al otro, las canciones, las aventuras, campamentos y convivencia, logros y reconocimientos, el estar "Siempre listos" y saludar con la mano izquierda del corazón y el dedo meñique entrelazado con el otro, símbolo de la unión y como saludo mundial. Grupo sano, que realza los valores de la vida y la fe.

Y si bien no estaba bautizada, me eligieron para representar a la Virgen María en un pesebre, y eso me acercó mucho a Dios. Lo sentí como una señal.

No puedo dejar de contar la experiencia del pesebre, fue una mezcla de sensaciones mágicas y situaciones de tensión, pero muy divertidas. Había mucha gente, era de noche y estaba vestida con sábanas blancas. Para ir hasta el pesebre, José me sube a un burro de verdad, que era muy viejo y tenía muy ladeado su lomo. No tenía como agarrarme, íbamos despacio, pero a cada paso que hacía, yo me iba resbalando, y así… un poquito más. Llegué al pesebre de casualidad, sin caerme del burro. Luego, el bebé que me dieron como niñito Jesús tiraba mi pelo de una manera impresionante, así que, con el cuello torcido, sonreía para disimular, pero no podía enderezarme. Y después se me cayó el manto que cubría mi cabeza, y el que hacía de angelito que estaba atrás, me lo tiró directamente, cubriéndome toda, como si fuera un fantasma. Una experiencia inolvidable.

Así fue que nos bautizamos, yo y mis hermanos, y tomamos la primera comunión. Permanecí hasta casi los 17 años en el grupo y la fe fue creciendo en mí. Era de rezar mucho, ir a misa, vivir las Pascuas con el sentido que tienen. Pero a su vez, fueron pasando cosas que hicieron que poco a poco me fuera desilusionando bastante. Como el conocer gente que profesaba la religión, pero en su vida era un desastre de persona; como que el ir a misa para muchos, ya se había convertido hasta en una moda del momento, y ver con qué vas vestido, y estar todos hablando y ni siquiera escuchar la ceremonia. O lo mismo con el ayuno o determinados sacrificios que, qué sentido tenían, si después en el día a día, no estaba el supuesto amor al prójimo, por ejemplo...

Todo esto, sumado lo que habían vivido mis padres, más el pedir algo con tanta fe como decían y ver que no se cumplía… es que no todo en la vida es como uno quiere, y entiendo que Dios nos pone obstáculos en el camino porque los podemos superar, y porque de eso malo algo bueno surgirá de seguro, pero no todo es como nos dicen. Y particularmente me desilusioné bastante, porque ya en una oportunidad me habían robado una moto que era de mi hermano y hasta que no se la pagué no me quedé tranquila. Y luego tuve una moto propia y fui a misa y agradecía justamente el tenerla y lo útil que me era para trabajar y demás y en eso salgo de la iglesia y me la habían robado; me sentí muy mal y ya me alejé del todo.

Y hoy creo en Dios y que existe, pero lo llevo conmigo desde otra perspectiva. Y más creo en mi madre que está y me acompaña tal cual ángel guardián y me cuida y protege, porque siempre me pasan cosas malas, pero siempre, tienen buena resolución. Han pasado cosas realmente inexplicables en mi vida que solamente la presencia de "algo mágico" determinó que las cosas se modificaran.

Y sí, es verdad que si todos nos amaramos, los unos a los otros, ya no habría lugar para la envidia, el rencor, la venganza, la mentira, la infidelidad, la desconfianza, el chusmerío, el egoísmo y la mediocridad. Imagínense...

¡esto ya no sería el planeta Tierra! ¿Será por eso que existe la muerte? Para que experimentemos y nos demos cuenta de estos valores… ¿cuándo ya no estemos? Y poder vivir sin vida… pero en paz…

11. MI VIDA COMO EMPRESARIA

Ya les conté del accidente que tuve en auto y que me cuestioné el porqué de mi vida… cuál era el motivo por el que no partí en ese momento. Uno siente que será por alguna misión importante a cumplir...

Y así fue que apareció en mi vida una gran posibilidad de desarrollo personal y éxito económico, única; hasta el momento había ya tenido varios trabajos en relación de dependencia, comenzando a los 17 años en una verdulería, luego un poco más tarde en una boletería de la terminal de ómnibus, mucho tiempo en locutorios y de ahí en una empresa de emergencias médicas. Y por último en una empresa constructora... hasta los 26 años. Ya después me embarqué en el maravilloso mundo del trabajo independiente hasta la actualidad, y digo así, porque una vez que sentiste y viviste lo que es ser independiente, nunca más querés estar en relación de dependencia.

Aunque aprendí mucho en todos esos primeros años en los diferentes rubros, desde que una papa grande no se la podés dar a cualquiera, el contacto con la gente y el trato en la atención al público, los errores necesarios para lograr la perfección, el valor del tiempo y el dinero, el manejo de prioridades, la toma de decisiones, el hacer varias cosas a la vez, la responsabilidad y compromiso.

Recuerdo haber ido muchas veces enferma a trabajar, y a pesar de la enfermedad de mi madre, también cumplir siempre en tiempo y forma. Durante la facultad, estudiaba y trabajaba y lo que implicó un sacrificio, muy pocas horas de sueño, y hasta vivir la experiencia de trabajar de noche casi dos años, donde las pocas horas que uno duerme en el día no rinden y así durmieras ocho horas, tampoco se compara con dormir de noche. El cansancio acumulado fue mucho y esas horas de sueño jamás se recuperan. Y dormir es necesario en nuestra vida para mantener un equilibrio físico y mental. Lógicamente es como todo, que tiene que ser en su justa medida, los extremos no son buenos en ningún sentido. Dormir poco no hace bien, pero dormir en demasía tampoco, ya que, ¡te perdés de tanto!

Una vez recuerdo haber estado en una charla donde nos hicieron ver que, calculando las ocho horas diarias de sueño, en la vida promedio de una persona, significaba, ¡haber estado durmiendo por 30 años! Así resulta chocante el número, pero va dirigido a la reflexión de aprovechar la vida al máximo.

Y así como a nivel pareja, siempre me tocó tomar la decisión a mí de terminar la relación, lo mismo me sucedió a nivel trabajo… siempre renuncié. Con el afán de generar cambios prósperos en mi vida.

En todos estos años, la característica de casi todos los trabajos que he tenido ha sido la relación con los teléfonos, tan es así que creo se convirtió en un vicio. En la época donde todavía no existían los celulares (solo para algunos), hacía chistes con que me había levantado y en la puerta de mi casa me habían puesto un teléfono público y que al ir conduciendo veía un teléfono y paraba para hablar de lo viciosa que estaba…

Y ya hoy en día ni se ven los teléfonos públicos y quedan solo muy pocos lugares con cabinas telefónicas y todas las personas tienen celulares y más de uno, inclusive los niños. Es increíble cómo van cambiando las cosas con el paso del tiempo, pero más aún todo lo que es tecnología.

Y así hay que aprender a vivir rescatando valores, como les pasó a nuestros padres con nosotros. Que vivieron en una época que si había teléfono, era uno solo en tres manzanas, y todos iban a hablar a esa casa... que no había televisor, entonces el tiempo se disfrutaba de otra manera, y ya después apareció el televisor blanco y negro, y luego a color que fue toda una sensación (ahí ya era una niña), pero uno alcanzó a vivir esa infancia rodeado de amigos con los que se jugaba en la calle o todos en la casa de uno, las juntadas en la vereda o esquina... y cambió todo tanto que si ahora lo hacés, es de alto riesgo.

Época donde existían con auge las cartas y ahora ya casi ni se ven. Donde la gente se decía cosas, se comunicaban, tenían más tiempo para pasar en familia, para hablar.

Por eso digo rescatando valores. Valores que se han ido perdiendo con el paso del tiempo y solo depende de nosotros recuperarlos, mantenerlos vivos, hacer que trasciendan de una generación a otra. Y puede haber miles de formas de comunicación vía tecnológica, pero nada se compara con estar frente a la persona.

Tratemos de tener charlas con sentido, que nuestros días valgan la pena, que nuestros lazos de sangre y amistad se mantengan unidos y vivos, que las personas que nos importan ¡sepan que nos importan!

Fue en 1994 que, terminando la secundaria, hice un curso de Orientación Vocacional para ver qué podía seguir en la facultad, porque estaba justamente muy desorientada al respecto. Recuerdo que fue un curso muy lindo e inspirador, donde se llegaba a los lugares más profundos de nuestro ser, para ver qué era realmente lo que queríamos… cuál era nuestro propósito. De todo el grupo, todos supieron al finalizar qué carrera seguir, menos yo. Daba que mi perfil era de estar atrás de un escritorio, realizando tareas administrativas pero ayudando a mucha gente a la vez, pero yo no me veía ni me imaginaba en algo así. Pasó un breve tiempo y decidí inscribirme para comenzar al año siguiente la Licenciatura en Fonoaudiología en San Luis, por lo cual nos mudamos a esa ciudad desde Villa Mercedes. Creo que lo que me inspiró a hacerlo fue mi tartamudez en la niñez, y de esta manera ayudaría a gente con problemas de lenguaje o audición.

Así cursé toda la carrera, en los cinco años que duraba y con un promedio de 9,67. Solo me quedaba rendir dos materias para recibirme y nunca lo hice. Por diversas causas fui tomando otros caminos. Pero todo en la vida se da por algo y absolutamente todo SIRVE, a veces solo con el tiempo podemos visualizarlo, pero es así... hay que saber sacar provecho de cada cosa que nos sucede en nuestra vida.

La energía que uno le pone a las cosas, más cuando duran tanto tiempo, llámese estudio, trabajo, pareja, familia, enfermedad... Nos hace ver las cosas de forma diferente según el momento de esa transición en el que estemos. Nada es para siempre, nada es permanente, debemos hacer cosas, para que las cosas perduren. A veces hay situaciones o personas que nos quitan la energía o logran que desviemos nuestra energía de una cosa a otra, y eso que querías con tanto afán toma otro sentido y uno se aleja de quien no tiene que alejarse. Pero como digo todo SIRVE y todo se da por algo...

Con 26 años tuve una gran oportunidad, en el peor momento de mi vida… la pérdida de mi madre. Fue por junio de 2003 que llegó a mis manos una muestra de perfume y extravié el papelito que venía con los datos para hacer el contacto. Durante ese mes, seguí yendo a trabajar en la empresa constructora donde era secretaria administrativa y telefonista. En la parada de colectivo mientras esperaba como todos los días, sacaba la muestra de perfume y me lo ponía, sin saber que esa fragancia me estaba inspirando hacia algo grande... ¡Candela! Así se llamaba, y tal cual llama, encendió en mí muy de a poco un fuego que se fue propagando hasta ser inmenso, y con esas chispas pude contagiar a mucha gente que se sumara.

Al mes, me contacté por un aviso en el diario y me ofrecieron la venta de esta nueva línea sanluiseña de tan solo 15 perfumes. Yo nunca había hecho nada de ventas, pero aprendí a vender. Me fue tan bien que el primer mes, gané el doble de lo que ganaba en el trabajo en el que estaba y dedicándome nada, porque trabajaba mucho y no tenía tiempo; entonces me planteé que, si dedicaba más tiempo, ganaría aún más y sin tener que bancar ningún jefe, manejar mis horarios, disfrutar de lo que hago. Mi familia no entendía nada, me fui sola a un viaje a Córdoba, 1° congreso de la empresa que justamente se llama Candela, como el nombre del perfume que llegó a mis manos, y volví con la firme decisión de renunciar a mi trabajo, así lo hice. No solo aprendí a vender, sino que vi que se podía compartir y ayudar a mucha gente que no tenía trabajo, para que, considerándolo como un trabajo, pudiera ganar mucho dinero; gente que también tenía trabajo como me pasó a mí, pero que no le alcanza su salario o sus expectativas eran otras; gente que, sin necesitar ganar dinero, sí necesita sentirse entusiasmada, sentir que tiene una actividad, que es útil; y otros que simplemente les hace bien sociabilizar. Encontré en esta actividad ese tan amplio espectro donde ayudar a tanta gente a creer en sí misma, que sí se puede, que puede lograr sus objetivos de vida, usando a Candela en el buen sentido de la palabra, para alcanzarlos. Gente de cualquier edad, de cualquier sexo, con discapacidad o capacidades especiales.

Veníamos del latigazo económico de 2001 y todavía recuperándonos, nace esta empresa en el interior del país y con tan solo 15 fragancias… ¡qué locura! Recuerdo que la gente me pedía cremas, maquillaje… pero no, teníamos solo perfumes. Y así me lancé de lleno a este proyecto con la convicción que marcó siempre mis rumbos: hacer las cosas bien, sino es preferible no hacerlas.

Y ahí lo conocí a él… Manuel Rubio, presidente de la empresa. Mendocino, nacido en General Alvear, un hombre extraordinario que no solo soñó esta empresa, sino que la hizo realidad, y así todo lo que propuso lo fue haciendo. Lanzaron nuevos perfumes, luego capilares, cremas, maquillajes, suplementos dietarios. Todo natural y con excelente presentación. Después lencería, ropa, blanco y ollas… un crecimiento increíble en tan poco tiempo.

Y quiero contarlo porque realmente es un hombre extraordinario, un ser de luz que tiene una gran capacidad de sacar lo mejor de sí y de las personas que lo rodean. Ve cosas en vos que ni vos mismo alcanzás a ver, pero con el paso del tiempo, comprobás que es así.

Escucharlo es reconfortante e inspirador, y momento que tiene para expresarse, se basa en que uno crea en uno mismo, que los límites son propios, que extendamos nuestras barreras mentales, que demos ese kilómetro extra. Donde uno por lo general no llega a conocer al dueño de la empresa y si lo conoces, de lo único que se habla es de números.

El maravilloso mundo de la venta directa no tiene límites, es una actividad sumamente independiente y gratificante, siempre y cuando uno quiera crecer y ayudar al otro, ya sea con el producto que le vende para beneficiarlo, o con la posibilidad de darle trabajo.

Y así aprendí a formar equipos de ventas y llegué en tan solo tres meses a la distribución y a los seis meses de eso, dejé la Provincia de San Luis para venir a vivir a Mendoza, colocando el primer local de Candela en mayo de 2004 y durante nueve años tuve mi negocio, lo llevé adelante con varios empleados. Ver como cada día, cerraban negocios que duraban muy poco tiempo. Empezar de la nada, porque no se necesita inversión previa, y ¡obtener tanto! Pero sí se necesita coraje, valentía, deseo de superación, deseo de ayudar, interés por los demás, ambición... ¡ambición sana! Eso que te lleva a moverte del lugar en donde estás, a plantearte objetivos y cada vez que los lográs, ir por más y más... Te das cuenta de que ¡sos capaz de conseguir todo aquello que te propongas! El tema es proponérselo y aferrarse, a pesar de vientos y tormentas, y seguir siempre adelante hasta lograrlo...

Y me di cuenta de que al final ¡había terminado siendo mi modo de vida lo que me había dado como resultado el curso de Orientación Vocacional! Increíble.

Dicen que el éxito no se obtiene por solo intentarlo una vez y listo. Sino que al éxito se llega por intentarlo una y otra vez y otra vez y otra vez... hasta alcanzarlo. Muchas veces dejamos de dar pasos para avanzar y tal vez después de tantos pasos dados solo te faltaba uno y justo desististe.

Recuerdo la tremenda experiencia de ser N°1 en ventas nuevamente, a nivel nacional y hablar frente a 6.000 personas ¡en el Luna Park! Decenas de charlas y capacitaciones realizadas y la conferencia que di en la Caja de los Trebejos de San Luis para 300 personas que llegaron a emocionarse y me aplaudían de pie. No hay mayor reconocimiento para uno que el reconocimiento genuino de la gente.

Tenemos que conocer una regla básica que nos permitirá lograr muchas cosas: la regla de las tres P: Práctica, Práctica y Práctica. Sumado a los principios de Deuda Cero y Conflicto Cero.

Así te sugiero cuatro claves para alcanzar el éxito: la ACTITUD, siempre positiva, es lo que permanentemente me ayuda a salir adelante. La PASIÓN que uno tiene por lo que hace y dos ingredientes más indispensables para alcanzar el éxito: PACIENCIA y PERSEVERANCIA.

Y podés tener una vida distinta y llegar al auto soñado, viajar en cruceros o avión, hasta obtener la casa propia. Pude comprar mi primer 0km, hacer 4 cruceros, viajar en avión a Cancún, Islas Margaritas. Viajar a Brasil, Uruguay y diferentes lugares.

Porque una vida así, uno también la puede tener, no siempre lo bueno es para los demás. Estamos acostumbrados a tener una baja autoestima. La estima se conforma con todo lo que la gente de nuestro entorno nos va diciendo sobre nosotros mismos. Si escuchas… sos un inútil, todo te sale mal, no servís para nada, que torpe que sos, eso no es para vos, etc. etc... Lógicamente es lo que vamos incorporando que somos y que no podemos realmente lograr o proponernos… esa carrera universitaria, ir a un hotel importante, ese restorán lujoso, hacer determinado viaje, son cosas que la mayoría de las veces vemos tan lejanas e inalcanzables... Y no solo es por la familia, sino que la misma sociedad tiende a esto; así, formar una buena y sana personalidad se vuelve complejo.

Debemos fomentar nuestra autoestima, rodearnos de personas sinceras pero positivas, creer en nosotros mismos, que podemos. Ponete metas cortas y a medida de ir alcanzándolas, te vas a demostrar que sos definitivamente capaz. Obviamente todos somos buenos para algunas cosas y para otras, no tanto. Reconocé tus fortalezas y tus debilidades para trabajar sobre ellas y mantenerte así fuerte y bien parado frente al destino. Es tan importante lograr tu esencia y mantenerte fiel a ella, porque muchas veces el entorno no se comporta como nosotros quisiéramos, y por envidia y celos nos encontramos enredados en una situación desagradable donde se hace una bola difícil de parar, de mentiras e injurias y que lo peor es que mucha gente se suma, perjudicando la imagen que se tiene de nosotros. Ya esto, uno no lo puede manejar, pero sí, como uno actúa frente a eso y quedarse tranquilo con uno mismo de que si no son cosas ciertas, no hay de qué preocuparse. Como dicen… todo cae por su propio peso y tarde o temprano se sabrá la verdad y la gente verá cómo se equivocó. Ahora, aquellas personas que nos conocen y se suman a ese chusmerío, solo demuestran ser igual de mediocres que los que lo inventaron y no merecen ya nuestro aprecio y confianza.

Esto me pasó en dos oportunidades en mi vida, pero uno sale airoso si se mantiene firme en sus creencias y su esencia. ¿Afecta? Por supuesto que afecta y duele. Pero todo en la vida vuelve, el que hace el mal eso le volverá, al igual que el que hace el bien, le volverá.

Así aprendí que no hay que hablar de más o contar todas nuestras cosas, porque lamentablemente hay mucha gente que te hace hablar para ver qué decís y eso después desparramarlo. El problema radica en que uno es con los demás como es uno mismo, genuino, pero te das cuenta después de muchas desilusiones que no podés ser con los demás como pretendés que ellos sean con vos, porque la mayoría de las veces no te responden de igual manera.

Mucho cuidado en quién confiar. Es tan difícil la comunicación, que hasta hablando el mismo idioma no nos entendemos, discutimos con alguien y al cabo de un tiempo le decimos: "Eso mismo es lo que yo estoy tratando de decirte". Muchas veces no encontramos las palabras justas o decimos cosas que si nos ponemos a pensar tienen otro sentido, no el que nosotros queríamos expresar, y así surgen los malos entendidos, los entredichos…

A pesar de esta gran dificultad, yo estoy a favor del diálogo en todos los ámbitos de nuestra vida, creo que abre más puertas que las que cierra.

Siempre hay que buscar una integridad física, mental y económica.

Física: tener salud para estar bien, poder disfrutar y ofrecerles lo máximo a los demás; mental: tener una ética, personalidad íntegra, seguridad, confianza en sí mismo, hay que sobrepasar los límites mentales para transmitir lo mejor, el cambio de actitud es lo que marca la diferencia; y económica: que la actividad que realices sea efectiva en tu vida para que sea así, efectiva en la vida de los demás…

La cuestión es que, en esta historia, para una chica del interior convertirse en una gran empresaria era una oportunidad única. Y lo mejor de todo es que es una empresa joven y que la posibilidad de crecer está y es actual. Por eso vos, que hoy lees este libro, si te ves reflejado en alguna medida con mi testimonio…te digo ¡animate! Y sumate… a esta gran empresa, o a lo que fuera, un proyecto personal, siempre analizando todos los ángulos, para asegurarnos que hay tierra firme, donde pisar.

Manuel siempre dijo "si podemos soñarlo… podemos hacerlo". Lógicamente requiere de trabajo y esfuerzo... Y te dirán, como me pasó a mí, gente de tu familia o amigos, que estás loco, pero creeme que realmente vale la pena intentarlo e ir por más…

Lo que uno aprende en la venta te sirve para todos los aspectos de la vida... yo era una persona muy tímida, pero aprendes a relacionarte con los demás, a tomar decisiones, a manejar prioridades, te desarrollás como persona. Creé en vos, encontrá la motivación que son *tus motivos,* recordá que sos capaz de hacer cualquier cosa que te propongas, porque es así, todos tenemos un poder adentro nuestro y es saber que…

Uno puede hacer todo lo que uno se proponga.

Hay personas que dejan la vida pasar y hay otras que hacen que pasen cosas en la vida, díganle SÍ a su proyecto, aférrense fuerte con convicción, no dejen pasar la oportunidad y comprométanse dando todo de ustedes porque es la única manera de hacer las cosas en la vida… "Poner todo de uno en todo lo que uno hace".

Creer en uno mismo no solo es la base para ser una empresaria exitosa. Es la base de la vida misma, para ser una buena persona, para aprobar un examen, para tener una familia…en fin, para todo lo que uno se proponga o enfrente.

Muchas veces la realidad no es más que el espejo que refleja nuestro interior. Por ello, más que ver qué puedo cambiar de la realidad que me toca vivir, el planteamiento sería… ¿qué puedo cambiar yo, para que mi realidad sea diferente?

Cuando uno cambia, los demás cambian, las cosas cambian… Y si no cambian… o quedan inmóviles en nuestra vida, carentes de sentido… o bien, dejan de estar en nuestra realidad.

Así, como les decía al principio de este capítulo, sentí que esta era la misión que me había tocado en la vida para ayudar a mucha gente, pero resulta que no, venía algo aún mucho mejor y ahí sí entendí la Gran Misión de mi vida y para qué fui preparada en todos estos años…

12. LA AMISTAD

¡Tanto por decir en todos estos años con respecto a la amistad!

Ya desde niña que uno hace amigos que la vida te pone en el camino… todos dejan una huella en nuestra vida. Algunos casi imperceptibles, y otros, bien marcada. Esas huellas difíciles de borrar y que modifican nuestra esencia y nuestro existir… le dan otro sentido, otro rumbo a nuestra vida.

Algunos permanecen por años y otros tal cual estrellas fugaces se disipan con el tiempo.

Algunos suman, y otros restan, pero todo sirve y en definitiva todo en esta vida sucede por algo.

Les he contado de un gran defecto que tengo que es el extremismo… siempre me costaron los términos medios, los colores grises… así, de joven, cometí el error de terminar con amistades innecesariamente, por sentir que no era recíproco o igualitario, o correspondida de la misma manera. Esto de "tu casa queda a la misma distancia que la mía de la tuya", donde uno siente que la balanza tiene más peso de un lado que del otro.

Luego, con el paso de los años, todo fue cambiando, y fui trabajando en mí la tolerancia y comprensión. Pero siempre me sobraron los dedos de las manos para contarlos. Amigos "amigos", son pocos; conocidos sí, uno puede tener muchos.

También debo confesar que nunca creí en la amistad entre el hombre y la mujer, será porque tuve amigos que con el paso de los años me demostraron que su interés era otro. Aunque dicen que quien consigue la amistad de un hombre, este es más fiel y leal que las amigas mujeres.

Ahora en la adultez, estoy vivenciando que sí puede existir esta amistad, pero siempre con la cautela de no romper el equilibrio lógico de la misma.

Mi experiencia no ha sido muy buena con mis amigas. Desde el momento que les conté en la adolescencia que mi mejor amiga me engañó con quiera era mi novio, el concepto de la amistad para mí se vio teñido, opacado; y si bien volví a confiar, ya había un dejo de veracidad en la relación y un ¡estoy preparada para lo que sea! Pero en la realidad, cuando vivís desilusiones tras desilusiones, se complica seguir manteniendo el concepto de amigo como alguien fiel, leal, sincero, transparente, incondicional, que diga las cosas de frente y de buena manera, que coincida en tiempo y espacio.

Muchas de mis amistades terminaron por envidia, por abuso desmedido, por engaño, por hipocresía. Igual con el paso de los años, entendí que, sin querer, yo había dado las condiciones para que sucediera, por mi forma de ser, de entregarme entera e incondicionalmente. Muchas veces uno termina generando una comodidad en el otro, que lo lleva a valerse de la misma, y termina siendo contraproducente para uno mismo. Y das más de lo que tenías que dar, y confías más de lo que tenías que confiar, y hablas más de lo que tenías que hablar, y querés más de lo tenías que querer.

Y uno aprende y terminás limitando tu ser, pero a su vez dando nuevas oportunidades al otro y a uno mismo, porque uno necesita amigos, no se puede estar solo, todos necesitamos saber que hay alguien que está, aunque no sea físicamente, a través de la distancia o con el pensamiento, te llegan sus energías y buena vibra.

En estos años he aprendido tanto de la amistad, pudiendo tal vez recién a esta altura de mi vida comprender muchas cosas y disfrutarla de otra manera.

Una amistad diferente con cada persona... cada una dejó sus enseñanzas... gente que parece va a ser amiga por siempre y con el paso del tiempo, por diversas circunstancias, cada uno sigue su camino.

Aprendí mi concepto de la amistad, hay gente que se amolda a eso y otros que tienen su propio concepto, y uno se puede amoldar o no también.

Aprendí que en la verdadera amistad uno se vuelve incondicional, y que a pesar de que pase el tiempo sin verse o por la distancia, cuando te ves de nuevo, es como si el tiempo no hubiera pasado y te hubieras visto ayer... y uno es uno mismo, sin necesidad de fingir o aparentar, sin obligaciones ni compromisos. El interés genuino por el otro y la reciprocidad obtenida son únicos, te alimentan y enriquecen, estando en la misma sintonía.

Tengo una amiga mayor a quien admiro mucho, por su experiencia y aprendizaje, por su forma de vivir, por ponerle una sonrisa a la vida a pesar de todo. Ella siempre me dice "lo poco agrada, lo mucho enfada", y qué ciertas estas palabras... encontrar el equilibrio, el punto justo, para no dilatar de más, y disfrutar y lograr momentos únicos. El equilibrio anhelado y tan buscado para todos los aspectos de nuestra vida.

Eso es lo maravilloso de la amistad, que no tiene barreras en cuanto a la edad, y así uno pude tener amigos jóvenes, como adultos o viejos, que cada uno desde su experiencia de vida, llenan la nuestra, enriqueciéndola.

La prueba de fuego de la amistad es el tiempo. Es ver qué pasa, con el paso de los años, la distancia, las diversas circunstancias que sucederán.

Algunos, que han sido tan importantes para nosotros, ya no están en nuestras vidas y uno se pregunta por qué. Y era el cometido de esa amistad, dejar una huella profunda en nosotros que, a pesar de no estar presente físicamente, nos marca para toda la vida.

Hay diversas circunstancias, pero principalmente son las relaciones de parejas que nos separan muchas veces de nuestras amistades, y esto realmente no tendría que suceder. Porque luego esa pareja no está, y nuestros amigos tampoco, y uno ve que perdió mucho, pero más aún a ese amigo que puede ser irrecuperable o no, de acuerdo a lo transcurrido.

Tratar de seguir manteniendo los espacios con nuestras amistades es también uno de los ítems para el éxito en nuestra vida. Muchas veces lo entendemos tarde y lamentamos las pérdidas y ya no podemos volver el tiempo atrás.

El buen manejo de los roles es lo que nos va a llevar a ser personas exitosas o no. Esto debe funcionar de manera equilibrada y no suplir, ni mezclar un rol con otro, porque por eso justamente son distintos y todos son importantes para nuestra vida. Destinarles el tiempo y energía correspondientes es enigmático y es un aprendizaje de por vida, ya que varía según las etapas de la vida que uno atraviesa. Así nos encontraremos con diferentes roles, ser padres, hijos, hermanos, esposos, empresarios, empleados, deportistas, bailarines, músicos, doctores… según corresponda. Y… amigos.

Encontrar una amistad es encontrar un tesoro, uno debe valorarla, respetarla y cuidarla.

Una verdadera amistad debe estar basada en buenos principios, donde ambas personas se mimetizan, realzando sus valores personales y su brillo interior, sin opacar al otro, sino justamente haciendo que brille aún más. Si esto no sucede, y sentimos que nos tiran para abajo, que no nos valoran, que no hay un interés genuino, más bien perderse que encontrarse. Porque es destinar tiempo y energía en algo que realmente no vale la pena y no nos hace bien.

Así como en todos los órdenes de la vida, hay cosas que están o se dan simplemente, y hay otras que trascienden, que dejan marcas, dejan huellas.

Hay personas con las que se transparenta nuestra alma, ven más allá que cualquier otra. Con ellos no podemos ocultar nada, porque huelen en el aire nuestro estado interior, por más que el aspecto físico diga otra cosa.

Y hay alguien así que me bancó todos estos años, que me sostuvo, que rió y lloró conmigo. Que hablamos sin palabras. Una unión más que de amigas, hermanas de almas.

Un espejo duro, sincero como nadie, especial e incomparable. Y tal vez seré yo, su única amiga de verdad, porque dicen que es difícil de querer, por su forma de ser tan sincera y frontal. Carece de tacto, pero fue aprendiendo a manejar sus impulsos, con gran sabiduría y paciencia.

Ambas nos nutrimos mutuamente. ¡Aprendí tanto de ella en todos estos años! Con vidas muy diferentes pero con un canal de comprensión muy grande.

Personas así quiero en mi vida. Personas así suman. Nunca voy a olvidar todo lo vivido y atravesado juntas.

La vida me regaló una hermana del alma, ¿y vos? ¿Tenés la tuya?

Así… queridos amigos, la amistad une, proyecta, fortalece, realza, enriquece, desahoga, descomprime, purifica, tranquiliza, comparte, aporta, estimula, crea lazos de unión que se vuelven irrompibles con el paso del tiempo y a pesar de las circunstancias vividas.

Y en los momentos difíciles es cierto... ahí están. ¡Cuántas veces amigas/os, estuvieron! Y están. Qué diferente pasar esos momentos acompañados y sentir que el otro se mimetiza con nuestra tristeza y dolor, así como a su vez comparte como propios nuestras alegrías y felicidad. Eso... créanme que nunca se olvida. Al menos para mí, es así. ¡Agradecida por siempre!

Todo en la vida tiene un porqué y un para qué, y por eso también es importante entender que debe darse una coincidencia en tiempo y espacio para que la amistad prospere.

Y lo más importante, es encararla desde el desapego, desde la elección, no desde la necesidad o el acaparamiento. ¿A qué me refiero? Muchas veces el tener un amigo se vuelve posesivo, es "mi amigo", y creemos que nos debe su servicio permanente, y si no lo tenemos, ya empiezan los reproches y enojos. Esta es una postura desde la necesidad en sí misma, donde poco me importa el otro, y más la atención está situada en mí y mi bienestar, que porque yo lo necesito tiene que estar, y si no lo tengo me muero.

En cambio, si uno lo encara desde el desapego como decíamos, seguís existiendo a pesar de la distancia, y cada gesto recibido es bienvenido y se agradece, pero no es trascendental para mi vida. La amistad fluye, surge y resurge, porque es natural, espontánea, transparente, y el hilo imaginario de unión a través de la vibra recíproca, jamás podrá cortarse ¡porque es genuino y liberador!

Hoy mi alma se siente rara, nostálgica, y recuerdo a un amigo, de esas aves de paso que te regala la vida.

Un día, compartiendo nuestros sueños frustrados, soñamos despiertos y me regaló esto tan bello...

Si volviéramos el tiempo atrás, le diría a esa niña que continúe su sueño, que no baje los brazos, que un día la encontraré en el Colón. Y a ese niño, que no se desvanezca con enojos, que guarde una entrada para su amiga, que vendrá a su tiempo, y podrán vivir sus talentos.

Gracias por todo lo brindado, compartido y enseñado.

No hay nada más bonito que encender de nuevo el alma de alguien que ya no tiene expectativas ni sueños. Encender el fuego interior, llegando a su alma, reparándola, ayudándole a creer nuevamente en sí.

Eso requiere de muchos ingredientes: desapego, solidaridad, interés genuino, amor, satisfacción personal por lo brindado y regocijo incomparable por los resultados.

Siempre, a pesar de lo vivido, queda una brasa, que por más pequeña que sea, puede volver a prenderse. Y uno lo intenta y lo vuelve a intentar, sin tener ya esperanza. Hasta que *algo* sucede, que prende esa llama una vez más, y ya los vientos, en vez de apagarla, la hacen cada vez más grande, y ni las tormentas o los días nublados, o la tierra que le tiren encima, pueden con ella.

No es cualquier fuego, este se extiende, se expande, porque entendemos que, si hacemos brillar a los demás, unimos nuestras llamas haciéndolas más grandes.

¡Gracias por enseñarme la sabiduría del Águila!

*Fotos tomadas por mí durante la cuarentena en 2020.
Plaza Área Fundacional de Mendoza.

13. Y CUATRO AÑOS DESPUÉS...

Ahora ya con 39 años retomo la escritura de este libro y releo y no puedo creer las cosas pasadas en mi vida. Y cómo pasa el tiempo... y cómo suceden cosas que nunca nos imaginamos podían pasarnos... y nos preguntamos…

¿POR QUÉ?

¿POR QUÉ A MÍ?

Y…

¿POR QUÉ NO A MÍ?

El destino vive adentro nuestro...

La cuestion es...

Tener la valentia para verlo.

Había empezado a escribir este libro en aquel entonces y luego sucedieron cosas inesperadas que me hicieron tomar una pausa hasta poder recién ahora retomar. Además, siempre en la vida hay un momento para cada cosa y se ve, que es este mi momento para poder contarte y poder destinar mi tiempo para dejar plasmado en estas hojas todo lo que siento, todo lo que soy.

Quiero trascender en vos y en tantas personas que ni me imagino puedan llegar a tener este libro hoy entre sus manos… que, aunque sea, si algo de lo que he vivido te sirve para ponerlo en práctica en tu vida, para mí, será un objetivo cumplido. Y tal vez ya no esté viva y pueda por medio de estas escrituras permanecer viva a través de los años y que me conozcas… aunque ya no esté.

Dicen que mi abuelo paterno fue una gran persona, pero yo no lo pude conocer porque falleció dos años antes de que yo naciera, y solo sé muy poco de él.

Solamente conocemos a nuestros antepasados por lo que nos cuentan nuestros padres y así permanece viva su imagen en nosotros. Sí conocí a otros abuelos, pero por cuestiones de distancia no los pude disfrutar como hubiera querido. Por esto también mi alegría de que *Fabri* pueda conocer y tener contacto con su abuelo, era mi deseo al yo no haberlo tenido. El abuelo *Beto*, mi padre. Y se quieren y se disfrutan y comparten tiempo juntos. Tienen una conexión muy bonita y especial.

Mi mamá no pudo conocer físicamente a mi hijo y voy a intentar como madre transmitirle lo que ella fue y significó para mí y tanta gente. Pero qué mejor que a través de este diario íntimo (prácticamente podríamos llamarlo así), mi hijo y su descendencia puedan conocer de mí.

Hablaba unos capítulos atrás del proceso del duelo.

En mi caso particular, hasta el día de hoy hay cosas que me afectan aún de la separación y posterior divorcio. Además, que cuando uno tiene hijos en común y habiendo un buen trato... te seguís viendo por los hijos. No es como en las relaciones anteriores que, si uno quiere, no la ves más a la persona y todo es como más llevadero...

Así… muy pero muy de a poco, me fui sintiendo cada vez mejor y ya al año de estar viviendo solos… conocí a otra persona y nos fuimos encontrándonos hasta consolidarnos como pareja.

Tenía al principio de la separación en mi cabeza, que no podía existir una nueva familia para mí, una nueva oportunidad, porque de tener algún hermano *Fabri*, debía ser de su propio padre. Pero empecé a ver que existía la posibilidad de formar una familia, que tal vez no sea la familia tipo, pero sí una familia ensamblada, que se da mucho hoy en día, donde tal vez uno, o los dos de la pareja, tengan hijos y a su vez poder el día de mañana tener hijos propios. Y entender que igualmente sería una familia.

Una se siente rara e incómoda con la situación, pero de a poco se va aceptando y viendo la claridad del disfrute y la esperanza de una nueva vida…

Prácticamente nuestra relación duró este período de pausa del libro, casi cuatro años entre el noviazgo y un año y medio de convivencia. Yo no quería saber nada de vivir juntos, después de todas las malas experiencias que había tenido y más que todo, por tener conmigo a mi hijo… esta vez no iba a ser lo mismo, porque me planteaba qué pasaría si no funcionaba, no quería hacerle daño a él, por el cariño que uno toma con la otra persona, ya sería una separación con otra connotación. Y así fue… difícil el final y complicado comienzo porque si bien yo estaba entusiasmada no quería que *Fabri* lo conociera hasta no estar completamente segura. La cuestión es que se conocieron y de a poco fue generándose entre ellos un lazo único y muy significativo, porque se vivían cosas diariamente que ni con la familia de sangre pasaban. Mi pareja y sus padres lo quieren a mi hijo como si fuera su hijo y nieto, así es como aparecen en la vida de *Fabri* también sus abuelos del corazón.

Él, excelente persona, muy bueno conmigo y con *Fabri* ni hablar. Pero cuando tomo la decisión de irnos a vivir con él, realmente las cosas no resultaron como esperaba. Recuerdo todavía la primera noche de convivencia que me sentí tan mal y rara, pareciera, viéndolo ahora, así a la distancia, como un augurio de lo que iba a pasar…

Siempre de niña fui tan perceptiva, con las personas, con cosas que iban a pasar. Es así que cada vez que aparecía un presentimiento era como para hacerle caso, porque seguramente sucedería. El tema es que ya estaba ahí, y tenía que poner lo mejor de mí e intentarlo…Como lo he dicho en otro momento, más vale intentarlo y que te vaya mal a quedarse con la duda de qué hubiera pasado. Y es lo que hice… puse lo mejor de mí, como mujer, como ama de casa, a pesar del trabajo y la dedicación a mi hijo, para que las cosas funcionaran. Y cada vez que me sentí mal… lo hablé (y fueron varias veces), pero no me sentí entendida. Justamente, este fue el problema entre nosotros, era como estar en sintonías diferentes, hablando lenguajes distintos e incluso viviendo realidades paralelas. ¡Qué complejo! ¿Cómo se puede congeniar con alguien así? Es imposible.

Y lo tan lindo que se pretendía formar, se fue tornando opaco.

Cuando cada uno se mantiene en su postura y no es capaz de ponerse en el lugar del otro para comprenderlo y hacer algo al respecto… es muy complicado.

Y uno se va cerrando y te vas alejando, y volví a sentir algo que ya había sentido en otras ocasiones de mi vida: sola, estando acompañada. Y compartís la misma cama pero no compartís lo más importante, que es cómo estás, cómo pasaste tu día; el deseo y las ganas de estar con el otro se van esfumando de a poco encontrándote al lado de un desconocido.

Y caí en la cuenta de que, a esta altura de mi vida, no sé bien qué es lo que quiero, pero sí sé qué es lo que "no quiero". Y no quiero esto, esto no es para mí ni para mi hijo, porque si bien mi hijo estaba bien no sirve de nada si yo no estoy bien para ellos, ni para mí.

¿Para qué prolongar más las cosas? Si ya sabes el final…

Y una vez más dije BASTA en mi vida, y una vez más lloré… ¡ya estoy cansada de llorar!

Quiero llegar al punto cumbre de mi vida donde me sienta plena y no tener que recurrir a las lágrimas para desahogarme.

Y al día de hoy él no me entiende, y nunca me entendió y tal vez nunca me entienda... porque ni siquiera ve mis motivos.

Creo igual, que todo está muy relacionado al ser hijo único. Desde joven, nunca estuve a favor de los hijos únicos porque lo que pude ver en los casos allegados era la dificultad de compartir, de valerse por sí mismos, porque están acostumbrados a que todo gira en torno a ellos y siempre han tenido gente que les haga o facilite las cosas. Es por eso que yo tampoco quería que *Fabri* fuera hijo único… pero las cosas se dieron así.

Es muy distinto cuando tenés hermanos y aparece "el te criás como puedas" y ni hablar si ambos padres trabajan, más aun.

Y era una nueva oportunidad que me daba la vida de poder formar una familia e inclusive hasta tal vez poder tener otro hijo/a. Mirá si no era motivo suficiente para poner todo de mí, y lo que arriesgaba con mi hijo también... el cambio de casa, la construcción de un mundo nuevo para después al final… verlo caer en pedazos.

¡Qué dolor, qué tristeza, qué bronca! Y toda esa angustia me la tragaba para no pasársela a mi hijo, pero inevitablemente nos afectaba a todos.

Y así y todo hay gente que no me entiende y juzga banalmente como si una hubiera estado jugando o tomándose las cosas a la ligera. Pues una madre que está sola con su hijo (y las que les sucede me van a comprender)… nunca pero nunca, se toma nada a la ligera, menos el intentar formar una familia nuevamente. Y para colmo… ¿hay que salir a dar explicaciones?

Siempre en una ruptura hay culpa de ambos lados y en definitiva ambos hacemos o dejamos de hacer algo… para que esto sucediera.

La cuestión es que, si a esta altura de la vida decidís unirte a alguien, ¿no sería para demostrarle que querés estar realmente con ella? Porque si no ¿para qué?… si querés que tu vida siga igual que cuando estabas solo, lógicamente vas a hacer que la otra persona en definitiva se sienta un estorbo...

Y uno en la pareja cede… pero tiene que ser igualitario. En la vida que vivimos hoy en día, tenemos que creer en la igualdad entre el hombre y la mujer. No tiene por qué ninguno de los dos sentirse menos o con menos posibilidades de ser, que el otro. ¿Por qué no buscar un ser juntos? ¿Es tan complicado tratar de hacer cosas que les gusten a ambos? Y si no te gusta tanto, ¿no estarías dispuesto/a a hacerlo por el otro, porque en definitiva te gusta verlo bien?

Y la soledad es complicada… lo reconozco en mí también. Cuando uno se acostumbra a estar solo, es muy difícil acostumbrarse luego a estar acompañado...

Y de nuevo, otra mudanza, volver a vivir solos, volver a acostumbrarse, pero ya con el dolor y la tristeza de lo vivido. Solo el tiempo sana, cura, cierra heridas. Bonito mi niño que tuvo que pasar por esta situación, pero no fue negativa para él, tomó muy bien el cambio, porque el lazo entre ellos no se perdió, y su mamá volvió a estar bien, muy de a poco, pero ya con otra energía y vibración.

Estoy muy desilusionada. Esta vez sí siento que no quiero ya tener más experiencias, ya no quiero volver a creer ni a confiar de nuevo. Esta vez sí prefiero quedarme con la duda…

Siempre me sentí de chica como si no encajara en este mundo. Siempre me sentí distinta, fuera de lo común, intensa, con valores muy arraigados; detesto la mentira y no la tolero, me saca de quicio como quien es deshonesto. Así, incomprendida seguí el curso de mi vida, tildándome muchas veces de loca, arriesgada. Pero prefiero mil veces ser vista así, porque en definitiva "tengo las riendas de mi vida en mis manos" y eso le hace frente a todos y a todo.

La gran tristeza final es que una vez más, me di cuenta de que el objetivo de mi vida, ese sueño tan añorado de tener una familia, no va a poder ser, y no solo es negarme a mi tener esa posibilidad, sino que se me cayó el corazón a pedazos al darme cuenta, que quien tampoco va a tener una familia… es mi hijo.

Con el paso del tiempo aprendí que sí somos una familia, él y yo, y que podemos disfrutarnos y tener la tranquilidad que ¡nos tenemos el uno al otro!

Y mi vida se convierte una vez más en días de inmensa soledad... ojos lagrimosos... viviendo momentos lindos, pero con esa sensación rara... de incompletud... de no encajar... de no tener ganas y a la vez ganas de tanto. Como un cansancio extremo... ¿de qué? Será el peso de lo pasado... será el sentido que uno le da a lo vivido. Y hay que enfrentar esta lucha interna y afrontar la inestabilidad... sujetarse fuerte al bote para no volcar en la tormenta.

Muchos de mis días suelen ser así y uno se termina acostumbrando, y lo raro pasa a ser... sentirse bien y plena. Tal vez es esta etapa de la vida que estoy atravesando... donde ya viví tantas cosas... conseguí mucho de lo que quería y a su vez, tan poco. Y siento que estoy a mitad del camino... ¡que quiero más! Que me falta tanto. Ojalá la vida me dé la oportunidad de permanecer por mucho tiempo más y llegar a ser plena y feliz.

Perdida es poco... desorientada... aún más. Esa sensación que justamente no cesa y está latente día tras día.

La rareza se adueña de mi alma y el vacío es impresionante e ilógico, por tener tanto con que completarlo.

CUANDO EL CORAZÓN DUELE

Hay amores y amores. Amores del bueno y amores con mala base. Amores insignificantes y esos otros huracanados donde ya nada vuelve a ser igual.

Hay diferentes tipos de amores. Hay diferentes tipos de enamoramiento.

Y la vida pasa y sigue, y después de mucho vivido, te prometes no volver a confiar, no volver a creer, no volver a caer. Y después de un par de años más, los lazos de la vida con esas *casualidades programadas*, terminan envolviéndote de nuevo en una maraña inexplicable, intensa, que intenta revivir aquellos sueños y esperanzas sepultados, que de a poco... muy de a poco, lo va logrando.

Y el corazón empieza como a latir de nuevo, el cuerpo cambia, la sonrisa fluye y el inevitable brillo en los ojos aparece. Brillo en los ojos que delata todo aquello que queremos callar, que no queremos dejar salir ni nacer. Pero de repente nace y de repente fluye. Y ahí está... lo que no queríamos ver ¡te has enamorando de nuevo!

Y en esos tipos de amores, te das cuenta de que solo has amado realmente una vez en tu vida, y lo que hubo antes y lo que hubo después, solo se asemejaban mínimamente.

Porque la vida sigue, y la vida continua y las casualidades programadas te van llevando. Y es entonces que aparece aquel amor que reconoces inmediatamente. Porque lo conocés, porque lo sentiste, porque te deja sin voz por dos días. Amor del bueno, que no porque sea del bueno significa que te va a hacer bien.

El amor del bueno es el más sufrido, es el más intenso, es la variación constante entre la felicidad máxima y el sufrimiento profundo, generado por ambos o por situaciones externas que, aunque uno no quiere, influyen.

Pero ya no eres la misma, y ya no estás a tu 100%. Llega en un momento de tu vida que ya no eres incondicional, porque aprendiste a la fuerza y te has vuelto en tantos aspectos fría y calculadora. Cuesta, cuesta horrores darse otra oportunidad, ¿de qué? De ser feliz, de no estar sola.

Pero la soledad te atraviesa, te moldea. Es tan difícil cuando te acostumbrás a la soledad, pensar estar con alguien; a su vez aquel que siempre estuvo acompañado, que difícil se le hace estar solo.

Y te enamoraste a pesar de toda barrera que habías construido; él pudo con vos, atravesó límites y llegó a lo más profundo de tu ser. Y una vez allí, sucede de nuevo... esa persona no es para ti. Y así, de repente, sin anestesia, el corazón duele, pero hablo de dolor, no de molestia o tristeza, dolor que se siente como una estaca clavada en el corazón y dejada ahí por siempre. Estaca que se remueve retorciéndote en cada mínimo movimiento, dolor profundo e intenso que no te deja dormir, que te descoloca, que te acompaña a todos lados, donde alguna que otra lágrima se escapa en cualquier circunstancia.

Es lo que todos pensamos, o creemos desde que somos niños, lo que la sociedad impone, creencias que son muy difíciles de sacar cuando hace tanto que uno las ha incorporado.

Relaciones enfermas, viciosas, donde el otro (ya sea la mujer o el hombre) plantea su descontento, su dolor, su amargura, su malestar; pero lo ignoramos, lo dejamos pasar, "ya se le va a pasar", "ya va a estar bien conmigo", "¿qué más necesita para ser feliz que estar a mi lado?", "sin mí no existirías".

El amor es otra cosa, es buscar la felicidad del otro, hasta si eso implica que no esté conmigo.

El amor basado en el desapego, donde puedo ser feliz aunque no te tenga, aunque no estés a mi lado. Amor que une a pesar de la distancia.

Amor que reconforta.

Amor que te hace brillar.

Amor que hace aflorar lo mejor de vos.

Amor que escucha, y si la otra persona no está bien o pide alejarse, la deja ir. Porque no sirve tener asfixiado al otro cuando nos pide respirar.

A veces las circunstancias o hechos nos alejan, pero eso no significa que no se ame. Uno puede dejar amando al otro. Uno puede ser dejado, amando al otro.

Lo importante es buscar el bien para ambos, aunque lo mejor sea no estar juntos.

¿Duele? Claro que duele, pero ese dolor es suplido por el placer de ver al otro bien, deseándole lo mejor. Es suplido por el placer de sentirte bien nuevamente, de poder ser vos mismo.

El hilo rojo yo creo que sí existe.

A veces no coincidimos en tiempo y espacio, a veces hasta no llegamos a encontrarnos con el otro, pero está, se siente, existe.

Y cuando lo encontramos, pensamos ¿por qué no nos conocimos antes?, ¿por qué no pudimos hacer tantas cosas en estos años anteriores? Pero esto es así, si nos hubiéramos conocido antes, tal vez no ocurría esa *magia* entre nosotros.

Todo tiene una razón de ser, un porqué y para qué. A veces con el tiempo se interpreta y uno entiende muchas cosas que en el momento eran incomprensibles.

Dejar pasar, dejar fluir, dejar ser.

Y si pensás en retener, asegúrate que la otra persona quiera, porque si no, va a ser contraproducente para ambos.

Este concepto lo he logrado con el paso de los años. No siempre fue así. Sí, siempre quise la felicidad de quien estaba a mi lado, pero la mayoría de las veces, implicó perder mi felicidad, y eso así no sirve. Una se da cuenta tarde. Pero la realidad, es que, si estás con alguien es para sentirte bien, para sentirte acompañada, valorada; alguien que te eleve como persona y no te anule cada vez más. Lo bueno de esto, es que uno puede decir no, basta, no quiero esto para mi vida, y comenzar una vez más... de nuevo.

"Construyamos un mundo donde yo pueda ser sin dejar de ser yo; donde vos puedas ser sin dejar de ser vos, y donde ni tu ni yo obliguemos al otro a ser como yo o como tú".

La agonía nuevamente me carcome el corazón. Mujer ávida en el amor... ¿qué pasó contigo? ¿Por qué nuevamente caes en las tentaciones de la vida? Acaso ¿no te fue suficiente tanto escarmiento?

La vida se ha encargado de demostrarte de mil y una maneras que no se puede confiar en el otro... sin embargo, vuelves a caer.

Abofetéenme, pónganme los pies sobre la tierra... ya no quiero volar.

Cansada de llorar... ya no quiero seguir.

Más vale darte cuenta ahora, para seguir disfrutando de tu soledad.

No hay mejor felicidad que la de reencontrarse con uno mismo. Autorreflejarse y no reflejarnos en los demás, que es lo que terminamos haciendo siempre.

Tú vales y mucho como para ponerte en segundo plano... ya no.

Basta de nuevas oportunidades, basta de ilusionarte, basta de creer que las personas pueden ser diferentes. No estoy preparada para esto... parezco no encajar en este mundo.

Y mientras... la lluvia cae y el cielo llora, mi corazón pide a gritos terminar de sanar.

¡Qué horrible sensación! ¡Qué desconsuelo!

¿Qué será de mi existir? Por este camino pedregoso donde cada piedra es puesta por mí, cuando realmente deseo todo lo contrario...

¡Quiero fluir! Quiero que las cosas fluyan.

Quiero avanzar y no sentirme estancada.

Y vivimos extrañando... cosas, momentos, personas y hasta a nosotros mismos en otro momento de nuestra vida. Qué difícil que es esto que escuchamos tantas veces, de no vivir colgados del pasado porque no podremos avanzar hacia el futuro... Y si pensás mucho en el futuro, la vida se pasa tan rápido y ese futuro parece que nunca llega, y al final no disfrutas tampoco el presente. Y dicen que para que esto no te pase, tenés que vivir a pleno el presente. Pero es tan complicado lograrlo... o lo conseguimos solo a veces o nunca.

Cuando era adolescente me propuse vivir cada día intensamente, pero con el paso del tiempo, me di cuenta de que muchos días se me esfumaban y no cumplía con mi objetivo, como días solo de relleno, malgastando el tiempo.

Muchas veces vivimos nuestra propia vida como espectadores... como si nos la estuvieran contando. ¡A despertar! Es aquí y ahora y esta circunstancia puede ser trascendental para tu destino... ¡no la dejés pasar! Y te lo digo a vos y a mí misma. Busquemos el *clic* necesario para mantenernos despiertos y vivos... en vida.

14. LLEGÓ EL MOMENTO

¡Al fin le encontré sentido a mi vida! Y entendí por qué estoy acá, para qué vine a este mundo. Y cuando pensé que ya había vivido mucho y que ya la vida me había enseñado bastante, recién empezaba todo y lo que uno nunca pensó que podía pasar… ¡simplemente sucede!

Hoy mi hijo Fabrizio ya tiene 11 años… es increíble cómo se pasa el tiempo y lo grande que está. Les he hablado de él en varias ocasiones, pero llegó el momento de que sea el actor principal de esta historia, de este camino del dolor a la felicidad.

Les conté que *Fabri* fue deseado y buscado en ese momento de la vida; que es difícil sentir que es *el momento* y el ambiente es próspero para formar una familia… todo parecía perfecto. Él llegó a nuestras vidas, con un embarazo asombrosamente lindo, a término, pero sí, con un trabajo de parto prolongado y muy complicado. Y al ser primeriza dicen que siempre cuesta más… estuve desde la madrugada con contracciones, internada pero no tenía dilatación, así todo el día y ya lista desde las 22 horas, por cuestiones de tiempo y falta de personal, recién a las 0 y algo me llevaron a sala de parto, me rompieron la bolsa y estuve como 45 minutos intentando que saliera, pero aparentemente estaba mal ubicado y no pudo ser. Yo de contextura chica y él con 3,700kg… me pasaron a cesárea. ¡No podía creerlo cuando lo vi por primera vez! Nació a la 1.15 del 22 de marzo de 2009. Ahí nomás me llevaron a sala y él conmigo, costó pero se prendió al pecho, supersanito a pesar de todo. Tomó el pecho hasta el año y ocho meses, caminó al año y cuatro meses y el resto de la evolución normal, era un bebé muy tranquilo y sonriente. Solo que no dormía mucho de noche. Comenzó la guardería al año, porque yo trabajaba, y bueno, como les conté al comienzo, nos fuimos de la casa al año y cinco meses de él, ya que la no aceptación de su papá era inminente.

Sorpresas de la vida

En los meses siguientes, en la guardería comenzaron a observar que *Fabri* pasaba mucho en el piso y no se relacionaba con los otros niños, tampoco hablaba. La consulta con el pediatra, que fue el mismo que lo siguió desde chiquito, decía que era todo normal, que seguramente estaba influenciado por la situación de la separación, pero que estaba todo en orden… solo había que esperar.

Yo no tenía un parámetro de comparación con otros niños y la verdad que no me daba cuenta. Caminaba a veces en punta de pie y movía mucho sus brazos cuando se ponía contento, miraba mucha televisión y no le atraían otro tipo de juegos. No pedía cosas, no seguía órdenes… fue así que, por sugerencia de mi hermana, empezamos a hacer algunas consultas. Cambié de pediatra y así peregrinando, dimos con una fonoaudióloga que nos derivó a una neuróloga. Todo esto sin obra social y esperando turnos y paros de por medio. *Fabri* ya tenía 3 años, había intentado que dejara los pañales, pero sin resultado por meses, sí había dejado el chupete y cuando dejó el pecho agarró la mamadera… superlechero, era su droga. Supersano, comía de todo pero había que darle de comer, y no le gustaba ensuciarse. Justo antes de esto, nos mudamos a una casa y dormía en su propia habitación y mejoró bastante su sueño.

La consulta con la neuróloga fue shockeante, ya de entrada notó algo, me habló de muchos estudios, de la audición, BERA, electroencefalograma, resonancia de cerebro, electrocardiograma, hasta un estudio genético porque le notaba la cara alargada. Me habló del certificado de discapacidad, de TGD (Trastorno Generalizado del Desarrollo). Estaba tan perturbada y abrumada, desesperada.

Así comenzó el camino, realizamos los estudios y dieron todos normales menos la resonancia de cerebro que salían unas zonas con manchas blancas. El estudio genético era normal. Y así apareció el primer pedido médico para gestionar la junta médica para el certificado de discapacidad que decía TGD con espectro autista. ¡Fue todo tan rápido! y yo habiendo estudiado fonoaudiología, el autismo lo habíamos visto como aquel niño mirando la pared y meciéndose de un lado a otro. Con miedo a los rótulos, me enojé con mi padre que me dijo que pensaba que *Fabri* tenía autismo y ni hablar con mi hermana… pero hoy en día ¡les estoy tan agradecida de que me hayan hecho abrir los ojos!

Estaba llena de miedos, dudas, incertidumbre. Fue así que llegué al 1 de agosto de 2012 cuando la más reconocida fonoaudióloga de Mendoza, después de una evaluación, me dijo: "Indudablemente, mamá, lo que tu hijo tiene es AUTISMO".

Sentí que el mundo se venía abajo. Justo al otro día daban una charla de autismo y fui, estaba en pleno shock, *Fabri* estuvo muy mal esos días, con vómitos y fiebre. La mayoría de las veces, coincidía que si yo estaba mal emocionalmente *Fabri* se enfermaba o le subía la temperatura. Recuerdo que cuando era bebé, viajé por el día, hizo también fiebre y con el paso del tiempo he comprobado que somatiza cuando me pongo mal o cuando ve que pasa algo malo, lo presiente todo, aunque lo disimule y no le cuente.

Fue todo un proceso muy intenso y extenso para mí afrontar esta nueva realidad, el reconocer que mi hijo tenía un problema y que ya no cubriría las expectativas de un niño *normal*. Que no sabía si iba a jugar con los demás, si iba a hablar, si me diría mamá algún día, si podría dejar los pañales, si iba a ir a la escuela. Y cuando fuera más grande… ¿andar solo por la calle, tomar un colectivo, tener un trabajo, casarse?

Y apareció el ¿por qué? ¿Por qué a él… por qué a mí? Y ¿por qué no a mí?

Era mi principito. ¡Qué dolor tan grande e inexplicable!

Y lloré y volví a llorar y seguí llorando. Bronca, enojo, soledad, tristeza, angustia, dolor, incertidumbre, inseguridad, cansancio, desvelo, estrés, adrenalina.

Todo ese proceso de duelo, dolor y aceptación, planteado anteriormente en diversas situaciones, ahora debería hacerlo con mi propio hijo. A todos nos puede pasar, pero comprenderlo y aceptarlo sin resquemor es sano y nos hará transitar este camino lo más holgadamente posible, natural y hasta lograr disfrutarlo.

Comenzamos el mundo de las terapias intentando hacer todo lo que fuera posible para ayudarlo. Con desesperación y angustia, pero con mucho, mucho, amor.

Siguió sin hablar, solo un balbuceo sin sentido, y ya los movimientos de brazos y manos se hicieron más presentes como también el alinear las cosas, autitos… lo que fuera.

Desde bebé me daba la sensación que veía cosas que nosotros no vemos, perdía su mirada hacia algún lugar en específico y se reía. Era común escucharlo reír solo, o de repente llorar.

Y en esos días de inmensa tristeza, escribí un texto llorando y fluyó de mí como si fuera él, que me hacía escribirlo:

A mi manera…

Hoy te obsequio este símbolo que dicen que es lo que me representa… ¿Autismo?

Podrán relacionar esa palabra conmigo…

¿Será tal vez porque me gustan mucho los autos?

Mi vida es como un mar…

Como el color azul de esta cinta.

A veces con días quietos y calmos donde parece haber solo paz y alegría.

Y otros días o de repente se convierte en una tormenta con grandes olas que no puedo manejar

Y me llevan a lugares que no quiero.

Todavía no sé bien qué es lo que quiero

Pero lo que sí estoy seguro es que quiero estar con gente como vos,

Que me brinda lo mejor de sí,

Que me quiere y me acepta como soy,

Que me ayuda a ser cada día mejor.

Este es mi mundo donde soy Feliz.

Si querés que sea parte de tu mundo

Entra al mío y así ¡podremos estar juntos!

Entiendo todo, conozco todo y aunque no te lo diga con palabras

Quiero que sepas que

¡Te quiero mucho!

¡Gracias infinitamente de corazón por todo lo que me brindás!

Ayudame a navegar por este mar… ¡Te necesito!

Quiero poder atravesar las olas,

Llegar a ese horizonte donde veo que se oculta el sol cada día.

Quiero recorrer los miles de caminos de este mar infinito.

Absorber por mientras la calma y paz que me genera la quietud de las aguas.

Y a su vez poder adaptarme a los cambios cada vez más.

Sé que no hay piedra en mi camino

Que no me sirva como trampolín para mi propio crecimiento.

TODO SIRVE, dice mamá.

Y con paciencia tocaré el fondo de este mar

Y picaré para salir nuevamente a la superficie y seguir una vez más…

Navegando.

Y en las noches veo el cielo en este mar oscuro

¡Y allí estás! ¡Allí están!

Todos los que me quieren como estrellas luminosas

Invitándome a jugar, a soñar…

Y junto a la luz de la luna, duermo tranquilo

Porque ¡SOY FELIZ!

A mi manera…

Fabrizio

Fue la pausa de este libro… cuatro años dedicados de lleno, cuatro años distintos, de superación y aceptación, y hoy puedo decir que es una bendición en nuestras vidas y que agradezco a Dios tener a mi hijo conmigo. Es un ser tan puro e inocente, ¡vino a enseñarnos tanto!

Solo le pido a Dios que me dé unos años más por lo menos, hasta sus 18, para acompañarlo y ser su apoyo y su guía, pero a la vez, enseñándole a abrir las alas para que vuele y ¡volemos juntos a la par!

Ahora entendí para qué había sido preparada en todos estos años, por qué había estudiado Fonoaudiología que, si bien nunca ejercí, me ha ayudado para tener un mayor entendimiento y comprensión de toda la dinámica de terapias y demás con mi hijo. Mi mamá siempre quiso que terminara la carrera y mi hermana siempre me insistió, inclusive en Mendoza, que rindiera las equivalencias para tener el título, pero algo adentro de mí me decía que no, y hoy por hoy tampoco necesito recibirme para dedicarme a esto y ayudar a más niños con esta problemática, ya que no doy abasto física y mentalmente con lo que nos está pasando, no sé más adelante.

Aprendí a reconocer hasta dónde doy, porque es un defecto mío sobreexigirme y después vienen las consecuencias. Y unas de las primeras cosas que aprendí con esto del autismo, es aquello que mi madre me puso en esa carta que transcribí: "No podés hacer el bien, si no estás bien". Así, para brindarle a mi hijo lo mejor, debo preocuparme por mí, en no sentir angustia, en aceptar, en procesar todo diferente para no transmitirle mi dolor a él, en liberar mi mente, en cargarme de energía positiva, haciendo en lo posible cosas que me llenen el alma. Intento que cada uno tenga sus espacios y tiempos, que es sano, para que el momento que estamos juntos, que es mucho, sea cargado más bien de momentos lindos y agradables y ganas de compartir y estar con el otro. Es lo que intenté estos años y hacia donde me encamino.

Me sirve para tener un mayor control de mis actos y tener todo mucho más claro a la hora de tomar decisiones. Y es por eso que cuando algo no me hace bien, trato de alejarlo de nuestras vidas, cambiando rumbos, girando el timón. Esta tarea no es fácil y me llevó tiempo hacerla hábito. Como también comprender el ritmo de las terapias, saber llevar el agotamiento que producen, respetar los tiempos de descanso que son tan necesarios. Uno no puede agotar sus pilas en dos años porque esto es para toda la vida y si no lo sabe manejar, todo lo maneja a uno y se hace insostenible.

Conocer para comprender

Y surgen sentimientos encontrados, porque uno quiere hacer lo mejor sin saber si lo que está haciendo es lo mejor. En muchos casos dejan a sus hijos en un instituto toda la mañana y allí se les brindan todas las terapias, supuestamente. Yo tomé la decisión de no hacerlo, porque no me pareció que exista, aún, un lugar preparado para llevar esto como se debe, y ya desde que comenzamos, hacemos terapias individuales en diferentes lugares, llevándolo yo de un lado a otro. Así nos funcionó, pero cada caso es particular y lo que a uno le funciona, tal vez a otro no.

No se puede generalizar ni con los niños ni con las familias porque cada caso es diferente y depende de la edad, el contexto, la evolución o no con las terapias y demás.

Las terapias se rigen por diferentes métodos ideológicos, pero el más común en estos casos es Terapia Cognitivo Conductual (TCC). Se basa en el estímulo-respuesta, y al lograrlo consigue un refuerzo positivo, sea un premio verbal o algo rico, o algo que al niño le guste en particular. Y así se espera la evolución de los objetivos.

Es muy difícil al comienzo porque uno ve que él llora y se tira al piso y patalea, y surge ese sentimiento encontrado de entender que uno le está haciendo un bien. Cuando esa etapa pasa, empieza todo a acomodarse y ves que puede estar sentado trabajando durante 45 minutos, decís… hice bien, pero es importante no desistir y uno hacerse cargo del tratamiento de tu hijo, siendo el método más efectivo, y como madre, direccionar el equipo de profesionales, no en cuanto a lo que tienen que hacer, porque para eso se prepararon y estudiaron, sino en la organización, en tirar todos para el mismo lado, en trabajar en conjunto, en que se reúnan y analicen pros y contras, perspectivas y pronóstico.

Y siendo tan pequeños son "niños ocupados". Más allá de la guardería, jardín o escuela, tienen todos los días sus terapias. Y hay que cumplir con ellas y sus horarios. Cuando otros niños se dedican solo a jugar, ellos son en cambio, niños ocupados, lo que genera una conducta a seguir, un régimen de responsabilidades, un hábito de vida. ¿Cómo no estar cansado? ¡Valoro tu esfuerzo y las garras que le pones día a día!

Dicen que nuestros niños eligen a sus padres, yo en mi caso particular siento que ha sido así, y principalmente que me lo envió mi madre, y la siento como su ángel guardián. Le he hablado a *Fabri* de ella en escasas oportunidades y es como si la conociera, porque él solito la reconoce en fotos. Al preguntarle donde está la abuela Isabel, va a su cuadro, dice "Abuela Tabé" y le da un beso. Yo sé que está y nos acompaña.

El vínculo que hay entre nosotros es único, hay una comunicación muy fuerte, con nuestras miradas y gestos, yo le hablo mucho aunque aprendí muy de a poco a hacerlo con pocas palabras, ya que dicen que el palabrerío los abruma, con pocas palabras y precisas hay mayor entendimiento.

Sé que muchas cosas que han pasado estos años han sido también originadas por él, como cuando nos fuimos de la casa, él tampoco ya quería estar ahí; cuando formé pareja de nuevo, él lo aceptó y quiso que hiciéramos la experiencia de la convivencia y también generó que volviéramos a nuestra casa. Él es quien le pone equilibrio a nuestras vidas y tal cual brujito ya sabe todo lo que va a pasar y yo explicándole y anticipándole, y él, con postura de tranquilidad, si en realidad ya sabía todo lo que iba a suceder...

Es tan sensible y perceptivo, es como que ve el alma de las personas, siente su vibra y lo hace notar, cuando alguien es buena o mala persona, aunque aparente lo contrario.

Calculo que cuando hable lo va a expresar. Infinidad de ocasiones de rechazo hacia alguien, a saludarlo, a tenerlo cerca. Casas a las que no quiere entrar. Recuerdo muy bien una vez que lo tuve que llevar conmigo a la comisaría por un trámite, realmente la energía del lugar era deprimente, lo mal que se puso, se tiró al piso, se quería ir, no soportaba el lugar y la gente.

Hoy mira mucho a los ojos y comparte así lo que le pasa, buscando tu mirada, obviamente no la de todos. Dicen que cuando algunos niños con autismo pueden hablar, explican que no miran porque es como que les quemara la mirada del otro.

Al principio me costó darme cuenta, pero era cierto que no miraba a los ojos, no al menos como tenía que ser o se da en otros niños, donde está la sonrisa social, el saludo, el señalar para pedir algo, todo eso no lo tenía, realmente tenía un desorden sensorial abrumador, con mucha sensibilidad táctil, auditiva, visual, poco en lo gustativo y olfato y notorio en todo lo vestibular.

Y así como uno puede modificar su conducta solamente al reconocer que es errónea, si uno no reconoce lo que está pasando, si no lo acepta, si se niega o esquiva, lejos se está de ayudar, y no se va a llegar a nada porque el enfoque es erróneo.

Luego empezó a llevar de la mano cuando quería algo, que también es una de las características del autismo. Como el alinear cosas o hacerlas girar, porque a muchos les gusta el movimiento giratorio, también caminar en puntas de pie, mover los brazos agitándolos, mover sus manos en una forma peculiar, llevar sus manos a sus ojos, parecer sordo en muchos momentos porque no responde ni a su nombre, además de molestarle los ruidos fuertes o no, el no tener un umbral de dolor como todos, lo tienen la mayoría de las veces muy elevado, de estar forma se caen, se golpean o lastiman y parece en muchos casos que no les hubiera pasado nada, pero a la vez, si alguien puede hacerle una caricia suave detonar en una crisis. Perciben todo diferente y a un nivel mucho mayor que cualquiera. Pueden presentar desórdenes alimenticios o problemas intestinales, alteración del sueño. No responden muchas veces frente al peligro, como cruzar la calle o saltar de un lugar alto.

Todas estas características se dan juntas o no, o aparecer esporádicas en el correr de los años o permanentes. No hay un niño con autismo igual a otro niño con autismo en el mundo. Son únicos, como cada uno de nosotros seres humanos somos únicos. Todos somos buenos para algo y para otras cosas no, todos tenemos alteraciones sensoriales, en definitiva, tenemos capacidades diferentes, lo cual hace en definitiva que todos seamos iguales.

Y uno, al principio, quiere que deje de mover los brazos o las manos, o que deje de tener ese juego estereotipado, es parte de la negación a la realidad; pero la verdad que es una gran vía de comunicación ponerse a hacer lo mismo que él y de esa forma no es que uno estimule esa acción, sino que él nota así nuestra presencia y nos hace partícipes y empieza a interactuar con uno y ya no solo. Además, lo necesitan, son autoestimulaciones para autorregularse frente a determinadas situaciones que los afectan. Es como uno, si te hace mal una luz, cerrás los ojos, ellos así crean sus propias estrategias para autorregularse con todo aquello que los afecta demasiado.

No están en su mundo, como muchas veces uno escucha, están en el nuestro y deciden no participar de muchas cosas, pero escuchan, ven, sienten. Uno muchas veces se acostumbra a su silencio y comete el error de hablar cosas como si no estuviera presente.

Aceptación

El comienzo fue muy abrumador, todo era gris y nublado. Incertidumbre, un pesar...

Como ya dije, la aceptación es clave para conseguir mayores beneficios y resultados. Tiene varias etapas. Es un proceso como el duelo por un ser querido, aquí uno hace el duelo por no tener ese hijo añorado que siempre imaginó y soñó, que iba a hablar, jugar, ir a la escuela, tener una vida normal.

Cuando uno acepta, es como las declaraciones que veíamos anteriormente que tienen el poder de modificar nuestra vida, entonces todo cambia para bien, aunque al principio parezca que no. Mientras no aceptamos, no avanzamos, estamos estancados y no vamos a generar nada positivo porque vivimos en una realidad que no es cierta… tapamos lo que no queremos ver. También es cierto, como lo hemos mencionado, que tenemos el mecanismo de defensa que es la negación, sería como que el dolor entra de a poco y se va procesando y no produce un shock irreversible.

Cuanto más se tarde en aceptar, más tiempo valioso se pierde. Porque en estos casos la estimulación temprana es fundamental, de manera equilibrada y no sobreexigida, con períodos de descanso para el niño, para que procese todo lo nuevo que va aprendiendo, y para su madre y familia, quienes tienen mucho desgaste en el día a día.

Saber regular la energía puesta y la exigencia, el manejo de decisiones y prioridades son cuestiones clave para el éxito del tratamiento, considerando que éste, es de por vida, tiene que haber energía para rato y no agotarse en los primeros años ni agotarlos a ellos.

Vas a encontrar en este camino comentarios de todo tipo a tu alrededor, vas a tener que ser fuerte más que nunca para soportar con tolerancia todo aquello que te abrume, y con sabiduría comprender y saber tomar lo bueno y lo útil y lo demás dejarlo de lado. Tu intuición como madre es fundamental, eso que surge en nuestro interior y que nos dice si estamos haciendo lo correcto o no. De más está decir, que uno siempre quiere lo mejor para sus hijos, pero no siempre el camino es el adecuado o el correcto. Debemos aprender a ser el timón del barco del autismo y no que él nos maneje a nosotros como a la deriva.

Aunque muchas veces se cree estar a la deriva, son sensaciones encontradas, pero ten fe, que el camino es el correcto.

El principal ingrediente es el amor, que el entorno sea de amor, que la gente que se acerque sea por amor. Y cuando veas que esto no es así, efectúa cambios, enseñá, porque no todo el mundo sabe cómo manejarse. La mejor manera de ayudar es conocer. Pero si es importante que el entorno sea positivo y se den todas las condiciones para desarrollarse de la mejor manera. Es primordial.

En este proceso de aceptación, otra de las claves es saber pedir ayuda y saber recibirla. De un profesional idóneo, de la familia, de otras familias que ya hayan vivido esta situación. Se modifica todo tu entorno… habrá gente de la misma familia que entienda y que no, amistades que sí y que no, y gente que sin tener un lazo sanguíneo ni relación previa se volverán fundamentales, por el solo hecho de querer ayudar y aportar. Todo lo bueno es bienvenido, y todo lo malo debe ser alejado.

El dolor que provoca que la propia familia de sangre no se involucre es tremendo. Teniendo tantos primos, tíos, abuela y padrino. Nunca un llamado, un ayudar, empatizar con la situación y decir… "mira, no sé qué podemos hacer, pero acá estoy". Pero en este camino, el autismo limpia, quien sí, quien no, y quien nunca más.

La superación de los miedos también es fundamental, porque si uno vive atemorizado, es lo que refleja y eso ellos lo sienten. Y como se sabe, la forma de superarlos es enfrentándolos y ver que nada terrible pasa y que el mundo no se acaba por el autismo. Inclusive, con el paso del tiempo podrás vivirlo como una bendición y estarás agradecido de tener una vida a través de la mirada del autismo, porque reivindica lo mejor de cada uno de nosotros y te conduce a una vida llena de pureza, lealtad, intensidad, llena de principios y valores, quedando atrás lo superfluo y banal.

Es una realidad que para la familia es tan difícil de entender, más aún para alguien que no lo conoce. Por eso también con este libro intento que se conozca más del autismo.

Introduciéndonos en el autismo

Este trastorno, hoy por hoy, afecta a 1 niño cada 59 y se da más en varones (1 de cada 40, aproximadamente).

Imagínense, en el Síndrome de Down se calcula 1 cada 700 nacimientos, cómo no darle importancia, entonces, a este fenómeno que está ocurriendo, que aún no se definen bien las causas, dependiendo de muchos factores que pueden ser genéticos y/o hereditarios, contaminación ambiental, hay una teoría fuerte de las vacunas…

Están afectadas ciertas áreas del cerebro, que se refleja en dificultad en la interacción social, en el desarrollo del lenguaje en la mayoría de los casos y los que lo logran… con dificultades; poca flexibilidad, intereses restringidos.

No conocen lo que es la mentira, entienden el lenguaje concreto, no las metáforas ni todo lo simbólico que tiene el lenguaje como "tomar sol".

Uno se da cuenta con ellos el recorrido que hace el procesamiento cerebral para captar y ejecutar una simple orden. Muchas veces el tiempo de respuesta es más lento, pero si se espera, alguna respuesta llega. Todo esto mejora y evoluciona con las terapias y el paso del tiempo.

Fabri siempre fue muy afectivo. A los 4 años empezó a dar besos, y me dijeron que es muy buen pronóstico porque, por lo general, el afecto es algo tan abstracto que es una de las últimas cosas que se adquieren en el autismo.

Cuando hablaba de incertidumbre me refería a que no es como aquella patología que uno sabe las causas, y existe tal vez algún medicamento o camino a seguir, y se conoce el pronóstico y lo que va a suceder. En este caso nada de eso sucede, y solo nos queda intentar ayudarlos a alcanzar su desarrollo máximo en todas las áreas y ámbitos de la vida.

Uno no sabe si van a tener amigos, si van a poder estudiar, trabajar, casarse, formar una familia. O si quedaran solos e indefensos frente al mundo. Es un gran temor para la mayoría de los padres pensar qué pasaría si uno no estuviera por "x" causa. En mi caso personal, tuve esa preocupación muy marcada al comienzo, pero luego entendí que debo dejar que las cosas fluyan y sucedan y que todo se dará como se tenga que dar, más allá de lo que uno pretenda. Y mientras tanto, dar lo mejor de nosotros.

También me sorprendí, porque me encontré con que no todas las madres lo viven igual, se dan muchos casos de desinterés, inclusive algunos que hasta los golpean y se aprovechan de la situación. Cada familia es un mundo y como sucede en las supuestas familias normales, también suceden estas cosas en las familias discapacitadas. Porque no es solo la persona a la que afecta sino a toda su familia, así decidan involucrarse o no, en definitiva, son parte.

Y todo toma otro sentido y te dejan de importar tantas cosas a las que antes le dabas relevancia. Cosas banales y sin sentido y que estamos acostumbrados como sociedad a estar sometidos a estas preocupaciones diarias, que no conducen a nada.

Por eso, ellos vienen a enseñarnos que hay otras cosas en la vida que son las que realmente importan, principalmente el amor, la pureza del alma, el disfrutar de lo simple, el significado de una sonrisa, el valor de un abrazo, la comunicación sin palabras, la perseverancia, la satisfacción que se consigue con los pequeñísimos grandes avances. Y sintonizás o no sintonizás… es tu decisión, no la de ellos. Pero cuando estás en su misma sintonía, es increíble lo que se logra.

No hay barreras, todo se puede. Solo hay que aprender a tener paciencia y continuar, siempre seguir, pero sacando todos los obstáculos del camino; me refiero a la ignorancia, a la falta de respeto, a la humillación, a la vergüenza, a la doble intención, a quien quiera lucrar, al que no ame y no acepte. Que esté rodeado de amor y que esté en lugares que lo quieran, es el ingrediente fundamental para su éxito. En ese ámbito de regocijo permanente, sus posibilidades se multiplican y suceden cosas maravillosas.

Y todo toma otro sentido y otra valoración. Cuando esperas y deseas algo por tanto tiempo y luchás para que se logre, cuando sucede… es como tocar literalmente el cielo con las manos. Y esto solo lo entienden los que lo viven…

Mi hijo recién con 5 años me dijo mamá, esa palabra que parecía que nunca iba a llegar. Con 6 años pudo dejar los pañales, hasta me acuerdo cómo me emocioné cuando tenía 4 años y se dio cuenta de que se había tirado un pedo, que había sido él… qué gracioso, hasta ese punto uno llega. Usar su primer calzoncillo, llevarse la cuchara a la boca, tomar en taza, limpiarse con servilleta, lavarse los dientes, las manos, jugar con otro niño, saludar. ¡Son todos logros que llevan años!

Nunca pudo usar el triciclo, porque entender el mecanismo de causa-efecto llevó más años, pero ahora ¡anda en bicicleta! Lo que la *bici* genera en él es fantástico.

Fue por sus 5 años que un neurocirujano muy reconocido me dijo que él nunca iba a hablar, que iba a ser monosilábico. Esto si bien me afectó, tuvo más el efecto en mí de salir a pelearla aun con más fuerza, y si ya íbamos en Ferrari, nos subimos a un cohete que nos llevaría hasta la Luna, o hasta donde nosotros quisiéramos. Fue así, que empezó a cantar, le gusta mucho. No hablaba, pero si reproducía partes de canciones a su manera. Sus primeras producciones vocálicas fueron "cuieie", lo decía y repetía varias veces en el día, luego "cope cope", "pio pio", "ña", "ño ño ño", hasta decir "coca" que era su adicción principal. Tenía una jerga permanente.

Empezó a pedir primero señalando, luego con un golpe en la mano, luego con un sonido y hasta lograr pedir diciendo "quiero", "abrir", para determinadas cosas y ya empezó a nombrar cosas por su nombre.

Y así uno debe aprender a modificar el concepto de la edad y evolución cronológica. Es más, hay que olvidarse de la edad cronológica. En el autismo puede haber niños de 12 años con pañales o niños de 12 años que van a la universidad. No depende de la edad, depende de sí mismos, del entorno, de la gente que lo rodea, de los estímulos que se le presenten en el momento correcto y de la forma adecuada, de la detección temprana y qué se haga al respecto. Depende de creer en ellos, que se puede, que atrás de ese aparente desinterés, por lo contrario, hay un interés a gran escala, pero hay algo que no les permite demostrarlo. Debemos ayudarlos a romper esa barrera, a encontrar ese clic que finalmente los hará reaccionar.

Y es para toda la vida… sí, porque no es una enfermedad, es una condición, no se cura. Pueden tener una gran evolución en muchos casos pero siempre tienen características propias del autismo.

Hoy preferimos cambiar la sigla TEA (Trastorno del Espectro Autista), por CEA… condición.

Otra característica que puede estar presente o no, o aparecer en cierto momento de la vida, pero en la mayoría de los casos es habitual, es la alteración en el sueño. *Fabri* no durmió de noche prácticamente los primeros dos años de su vida, dormía muy poco. Se fue regulando luego muy de a poco y hoy por hoy duerme toda la noche completa. Él nunca ha tomado medicación, le quisieron dar al principio, pero por suerte respondió bien al tratamiento de terapias y su mejoría fue constante y no fue necesario. Sus avances fueron semanales y así infinitos hasta ahora.

Todas las madres de personas con autismo que han pasado por estas alteraciones del sueño podrán entender lo que sucede, lo que significa, estar con ellos acompañándolos, intentando dormirlos, que justo que se duermen, tal cual bebé, despiertan de nuevo con el mínimo ruido, metidas en sus cunas o luego camas, despertarnos de repente porque nos quedamos dormidas a su lado por el cansancio. Cansancio que no se recupera en el día porque la vida sigue, y siguen los estudios a realizar, el trabajo, las terapias. Ellos tampoco es que recuperen esas horas en el día. Y así, día tras día, noche tras noche, el cansancio se acumula y hay que intentar no llegar al agotamiento crónico.

¿Qué pensarás, mi niño? Con esos dos ojos abiertos grandotes a plena noche…

Este momento del sueño es uno de los mejores momentos de conexión, tanto cuando se están durmiendo como cuando se están despertando. Palabras justas dichos en estos precisos momentos tienen un alto impacto. Es una buena ocasión para decirles cuanto uno los quiere, que van a salir adelante, que uno está orgulloso de ellos, que es el mejor hijo que uno podría tener, que nada ni nadie nos puede detener.

Asimismo, uno como persona debe trabajar en sus pensamientos a la hora de dormirlos, porque muchas veces no se duermen por la influencia de nuestro pesar interior. ¿A qué me refiero? Son tan perceptivos, tan sensitivos, aunque a veces no lo parezcan, no los subestimes porque es así, tienen muy desarrollado la percepción. Que si uno se pone a pensar todo lo malo que pasó en el día, que peleamos con la obra social, que en la escuela no lo recibieron, que unas personas nos miraron mal mientras esperábamos en el consultorio cuando se tiró al piso, lloraba y gritaba; que complicada es nuestra vida, así y demás… imagínense ¡semejante carga emocional! Por lo contrario, debemos esforzarnos por pensar cosas lindas, momentos del día o de la vida compartidos con alegría. Es un buen momento para agradecer lo que tenemos, siempre solo con el pensamiento, sin hablar, pero eso llega, se transmite…

Sea mamá o quien sea que le toque hacerlo, debería ser de esta manera, con tranquilidad, paz, relajación. Hacé la prueba y vas a ver cómo sirve.

Lo mismo nos sucede a todos a la hora de ir a dormirnos, si nuestros pensamientos son feos o malos, seguramente pasaremos una mala noche. En cambio, sí intentamos pensar cosas lindas antes de dormir… dormirás bien.

Luego están los sueños, sabemos que nuestra cabeza no para cuando estamos durmiendo. Dicen que los sueños son la realización de deseos insatisfechos, pero como derivan de nuestro ser inconsciente, no los podemos interpretar de la forma consciente realmente como son o qué significan, ya que a veces aparecen personas o cosas pero que en realidad son otras.

Vaya a saber ellos ¿qué pensarán y qué soñarán? Así aparecen risas en medio de la noche, o llanto, o un despertar abrupto.

Cuando se despierta, en algunos momentos me busca, va hasta mí habitación, pero la mayoría de las veces, se queda solo sin llamarme; intento que aprenda a decirme "mamá, vení" o a hacer algún sonido para escucharlo, pero no.

Otra de las situaciones es cuando tienen fiebre, vómitos o descompostura cuando están durmiendo, sucede lo mismo, si uno no los escucha o lo va a ver, no te das cuenta. Esto no solo es en la noche, en el día también, no sabe demostrar que se siente mal, es más, ni entiende qué le pasa, y uno ve el desconcierto en su rostro.

Al no hablar, no sé bien cómo interpretan su pensamiento. Dicen que hace unos años se diagnosticaba más como psicosis que como autismo, porque quienes podían expresarse decían que sentían voces que les hablaban, pero perfectamente se puede interpretar que es como la voz de nuestro pensamiento interno que estamos escuchando y que todos sabemos que es permanente. Pensamos en palabras aunque no las digamos.

Ellos todo el tiempo piensan, escuchan y sienten. Muchas veces cometemos el error de hablar como si no estuvieran presentes, porque tal vez están como *desconectados*, con un juego estereotipado o viendo un libro o computadora. Pero escuchan y ven todo, por más que no estén mirando. Y todo eso, lo captan y lo absorben como esponja. Mucho cuidado con esto. Igual, como decía antes, son tan perceptivos que por más que uno no hablara de un problema frente a ellos, no significa que no les llegue, pero sería como hacerles la vida un poco más fácil y liviana. Es como la película la vida es bella, donde el padre le hace vivir al niño una realidad totalmente diferente y linda, en plena guerra. Muchas veces nuestra vida se convierte en eso… en una batalla constante, en una guerra permanente, en un luchar contra el mundo para que nuestro niño sea aceptado y querido, pero podemos no hacerle llegar eso y transmitirle a cambio un genuino destino, de lo que puede hacer, de lo que puede lograr.

Ellos quieren hablar o si hablan, hacerlo en forma correcta; quieren jugar con los demás, quieren hacer cosas que todas las personas hacen, pero simplemente no pueden, lo que no significa que algún día no podrán. Busquemos el detonante para que esto suceda, que muchas veces no es una cosa, es la seguidilla de una conjunción de cosas, hasta que llega "el momento".

Se cometen dos errores: o hablar frente a ellos o no hablarles. Hay personas que están a su alrededor que piensan… y ¿para qué? Entienden y sienten como cualquiera, aunque no lo parezca. Hablale, miralo, mimalo con una sonrisa y hasta si Dios te da esa gracia, abrazalo, que es lo mejor que te puede pasar, que una persona con autismo te abrace, te está abriendo su corazón y te dice lo buena persona que sos, aunque no hable.

Evolucionando

En el jardín guardería El Rey Dragón, permaneció hasta sus 5 años inclusive. Fue un lugar grandioso para nosotros, ya que no solo nos ayudaron a darnos cuenta de lo que pasaba, sino que nos acompañaron en la aceptación del diagnóstico y en vez de cerrarnos las puertas, nos brindaron la contención necesaria. ¡Estaré siempre agradecida por ello!

Comenzó luego la escuela normal, en sala de 5 con 6 años, lo aceptaron en este lugar después de pasar por 18 que no lo quisieron, porque "no hacemos integración", "porque los dos cupos que corresponden por ley y por aula ya están ocupados" (y no había forma de saber si era cierto o no), porque te tomaban entrevista y luego lo evaluaban a él y después te decían que no tenía las "habilidades necesarias para ir a una escuela". Y en esta institución lo inscribieron, lo aceptaron inclusive sin conocerlo y tomaron el desafío. Fabri aprendió los números, los colores, a saludar a sus compañeros, a respetar y seguir rutinas, a compartir, a interactuar y ser aceptado por sus pares.

¡Como disfruta ir a la escuela! Con qué ganas va y contento y así sale también.

Tenía temor, como mamá, que los niños no lo aceptaran o no lo incluyeran. Es muy común que se aprovechen para hacerles bromas, burlas... Pero por suerte esto no pasó, y claro que influye mucho el pensar de los padres. Lo triste es que una se da cuenta de que en realidad los que hacen diferencia son los adultos, y muchas veces son crueles con sus actitudes, con sus miradas o dichos. Los niños, adolescentes y adultos con autismo no tienen rasgos físicos como en otras discapacidades, entonces, es más difícil entender para algunas personas que cuando tienen sus crisis, ¡están en crisis! No es un capricho o simple berrinche. Así cuando caminás en la calle, o vas en colectivo, o estás en el supermercado o en un consultorio o un banco, es muy probable que haya una persona con autismo aunque no te hayas percatado. Como también hay personas de 30, 40 o 50 años que tienen autismo y no fueron diagnosticadas en su infancia, porque era muy poco lo que se sabía, si imagínense que hoy en día aún es muy poco lo que se sabe. Y hay diferentes grados como leve, moderado y severo y se puede estar siempre en un nivel o ir pasando por todos esos estadios, en una dirección u otra, y dependiendo el momento de la vida o circunstancia que esté atravesando. Es lo que se conoce como regresión.

Como consejo, creo que como padres debemos explicarle a nuestro entorno sobre él y sus características, porque nos sentimos tan mal en tantas ocasiones, pero lo más seguro es que se actúe así por desconocimiento; es más, si nosotros estuviéramos del otro lado es muy probable que actuáramos igual. No supongamos ni prejuzguemos, actuemos y en consecuencia el entorno se amoldará… amigos, familiares, escuela y demás… es difícil explicar, pero con la práctica uno aprende... Es más, nosotros mismos muchas veces identificamos a quienes tienen autismo y ni sus mismas familias lo habían considerado.

Cuando se dé la oportunidad de tener contacto con alguien con autismo, consultemos a los más allegados cómo acercarnos y dirigirnos a ellos de la mejor manera, porque recordemos que no hay una persona que sea igual a otra. Las madres por lo general, son la llave maestra para entrar en sus vidas, para hacer contacto, justamente ¡con… tacto!

Fue en su cumpleaños número 6 donde ¡sopló la vela por primera vez! Hacía poquito había aprendido a soplar. Y ya se baña en ducha y aprendió a lavarse las manos. El control de esfínteres llevó tiempo y parecía que no se iba a poder y fue recién a esa edad que se pudo, y también verbalizar sus necesidades para cuando quiere ir al baño, comer, o tomar algo, o ir a algún lado, "pasear, escuela". Ya con 7 años ¡comió su primer caramelo! ¡Y por primera vez tomó con bombillita! Cosas tal vez tan superfluas para la vida de cualquiera, para nosotros son trascendentales. Empezó a interpretar órdenes y consignas, a responder verbalmente en contexto y en forma correcta. A querer formar frases, ya adquiriendo verbos. Y ustedes pensarán… ¡habla! Y no, aún no. Puede hablar perfectamente pero no lo hace... pero ¡ya estamos cerca!

En una ocasión, recostados en la cama, le hablé diciéndole que cuando él quisiera, cuando él lo sintiera, podía hablar... y me miró y se le cayó una lágrima... ¡morí en ese instante!

Necesito saber ¿qué le pasa, qué siente, qué piensa? Imagínense lo difícil que es interpretar qué le sucede o adivinar cuando se siente mal. En esto, la intuición de madre siempre ha sido muy importante. Imagínense por un momento que su hijo no hablara, yo creo que es inimaginable, ¿no?

Recién este año pudo decirme por primera vez "boca, diente", indicándome que le dolía y efectivamente tenía un diente flojo. ¡Qué momento!

Necesito que, si bien es difícil de entender el autismo, todos pongamos de nuestra parte para entenderlo, porque ellos son parte de nuestra sociedad y debemos incluirlos y que vivan su vida lo más normal posible y hacer y acceder a lo que cualquier persona puede. Debemos tomar conciencia porque el número estadístico cada vez es mayor y a cualquiera le puede tocar. Y de seguir así ya en poco tiempo, seguramente 1 de cada 10 niños nacerán con autismo.

Si bien algunos casos pueden verse relacionados con retraso mental y alguna otra patología, la mayoría son muy inteligentes y es cuestión de encontrar la veta de su inteligencia. Fíjense que muchas personas grandiosas a nivel mundial tienen o tenían autismo:

Históricos:

Albert Einstein: el científico más importante del siglo XX.

Wolfgang A. Mozart: compositor y pianista austríaco.

Ludwing van Beethoven: compositor y director de orquesta.

Isaac Newton: físico inglés que describió la ley de la gravedad.

Vincent Van Gogh: pintor.

Albert Edison: inventor.

Alan Turing: inventor.

Hans Asperger: inventor.

Henry Ford: inventor.

Howard P. Lovecraft: escritor.

Franz Kafka: escritor.

Friedrich Nietzsche: filósofo.

Bertrand Rusell: escritor.

Henry David Thoreau: escritor.

Mark Twain: escritor.

Isaac Asimov: escritor.

James Joyce: escritor.

Lewis Carrol: escritor de "Alicia en el País de las maravillas".

Andy Warhol: artista, diseñador y pintor.

Bela Bartock: músico.

Gustav Mahler: músico.

Alfred Hitchcock: director de cine.

Actuales:

Temple Grandin: mujer extraordinaria reconocida en el mundo de la ganadería, doctora en Ciencias de los Animales, profesora en la Universidad de Colorado y científica.

Michael Phelps: nadador, récord de medallas olímpicas ganadas en el mundo.

Bill Gates: el empresario más rico del mundo, cofundador de Microsoft.

Satoshi Tajiri: el creador japonés de Pokemon.

Stanley Kubrick: director de cine "Naranja Mecánica" y "2001 Odisea en el espacio".

Steven Spielberg

Jacob Barnet: ya con 16 años daba clases en una universidad, doctorado en física cuántica (se dice que es el nuevo Einstein).

Woody Allen: ícono del cine.

Bob Dylan: músico. Se sospecha tenga Asperger.

Boby Fischer: campeón de ajedrez.

Al Gore: Vicepresidente de Estados Unidos.

Michael Jackson: músico.

Sid Barret: fundador, cantante y guitarrista de Pink Floyd.

Tim Burton: director, productor y escritor. Películas "Pesadilla antes de Navidad, Charlie y la Fábrica de chocolate, entre otras…

Keanu Reeves: actor (Matrix).

Lionel Messi: el mejor jugador de fútbol del mundo.

Vernon Smith: Premio Nobel de Economía.

Greta Thunberg: adolescente sueca activista en defensa del medio ambiente. Jóvenes de todo el mundo la siguen.

Susan Boyle: cantante británica.

Anthony Hopkins: en el 2017 declaró que tenía Asperger.

Daryl Hannah: actriz.

Stephen Wiltshire: artista británico conocido mundialmente por poder reproducir un paisaje, después de haberlo visto solo una vez.

Hanna Gadsby: famosa humorista australiana lesbiana.

Dan Aykroyd: actor.

Pedro Ruminot: comediante chileno.

Marcelo Ríos: tenista hispanoamericano.

Personas famosas con hijos con autismo:

Sylvester Stallone

Robert de Niro

Joe Mantegna

Jenny McCarthy y Jim Carrey

Aidan Quinn

John Schneider

John Travolta y Kelly Preston

Edward Asner

Olga Tañón

Alfonso Cuarón: director mexicano

Tony Braxton

María Julia Oliván: periodista argentina

Valentina Bassi: actriz argentina

Muchos talentos asombrosos que obviamente no salen de personas mediocres, sino maravillosas.

Todos los seres humanos somos maravillosos, todos los seres humanos tenemos talentos, todos somos buenos para algo y para otras cosas no.

Si algún día *Fabri* puede hablar y me pregunta "Mamá, ¿qué es el autismo? ¿Por qué dicen que tengo autismo?" Le diré:

Hijo, las personas con autismo son maravillosas. ¡Vos sos maravilloso!

Son distintos a todos los demás, porque son personas grandiosas que tienen el poder de sacar lo mejor de sí mismos y de las personas que los rodean.

Porque no saben lo que es la mentira, la envidia, la maldad, el engaño.

¡Puros de corazón y transparencia en el alma!

Dicen que tenés autismo porque sos sincero, amoroso, honesto, aplicado, ordenado, estructurado, porque no tenés tiempos coartados para la felicidad… ¡Vos sos feliz todo el tiempo! y esa es la discapacidad que tenemos todos los demás y por eso es tan notoria la diferencia.

Los que estamos en desventaja somos todos, no vos, no ustedes.

Sé de personas con autismo que hablan y dicen que no se sienten felices porque no quieren ser así, diferentes.

Todos somos diferentes, no hay una persona en el mundo que sea igual a la otra.

Y si te sirve de algo, yo también siempre me sentí como que no encajaba en este mundo. Pero no por eso vas a cambiar. Sé vos mismo y el que no te acepte así, más vale que siga su camino. La vida misma, hijo mío, te va a ir acercando o alejando de quien tenga o no tenga que estar a tu lado.

Y disculpen que escribo como solo para él, es que ojalá la vida me dé la oportunidad de decir estas cosas algún día, y si no es así, ojalá algún día puedas leer este libro y sepas que te quiero mucho y que tu mamá dio todo por vos, en cada momento, en cada cosa, para impulsarte a la vida de la mejor manera y puedas ser feliz como hasta ahora.

¡TE AMO FABRIZIO!

SOS UN SER DE LUZ

¡BRILLÁ!

Y estoy orgullosa de ser su mamá y disfruto de cada logro y avance. Doy gracias a la vida por haberme dado esta oportunidad, para encontrarle realmente el sentido a vivir y por qué estamos y para qué venimos a este mundo.

Es como que Dios se hubiera cansado de esperar que la gente cambie, que se dé cuenta del porqué del existir y que como la vida se ha convertido en algo tan mundano, y la pérdida de valores es cada vez más abrupta, tuvo que hacer algo al respecto… como cuando creó la mujer. ¿Serán todos estos niños seres de luz? Enviados en cantidad para generar un cambio en la sociedad y ¿poder salvarla? ¿Para que las personas tomemos conciencia de lo que es importante en la vida?

"Se les dice… Personas con autismo"

Y como ya comenté, hay diferentes grados de autismo; entre los más leves está el síndrome de Asperger, que presenta las mismas características, pero las personas con Asperger pueden hablar, su lenguaje es más coloquial (muchas veces parece extranjero); sus intereses son restringidos, tienen problemas en la sociabilización, pueden presentar balanceo, caminar en puntas de pie o mover sus brazos o manos estereotipadamente. Es más difícil de diagnosticar justamente porque hablan, aunque algunos presentan ausencia del lenguaje los primeros años y luego aflora. Se considera que son seres muy inteligentes, pero no en todos los casos es así.

He conocido casos de personas con Asperger que no presentan rasgos destacados de su inteligencia y dicen no encajar ni en la categoría de personas supuestamente normales ni aspergeanos. Debemos entender que el trastorno del espectro autista es tan grande y tan amplio y se conoce tan poco aún, que debemos considerar que son todos diferentes, cada caso es particular, como lo mencioné anteriormente, no existe una persona con autismo igual a otra persona con autismo.

Y siempre he escuchado "No se les dice autista sino persona con autismo" y no me había afectado porque para mí como mamá era lo mismo. Pero fue cerca de sus 7 años que entendí la diferencia…

Hay personas que lamentablemente los ven como enfermos y que no van a lograr determinadas cosas, porque en definitiva son autistas y nunca dejarán de serlo. Estas personas son un techo muy bajo para nuestros hijos y debemos alejarlas de ellos, llámese padre o madre, según el caso, alguien de la familia, algún profesional, amistades, personas allegadas… en fin. Y ustedes pensarán… ¡qué contradictorio! ¿Cómo puede alguien tan cercano o alguien que se ha preparado y formado para ayudarlos, verlos así?

Por eso se les dice personas con autismo, porque solamente es una condición, no una enfermedad, como ya lo planteé anteriormente. Es como ser rengo o diabético, eso no define a la persona como tal. Independientemente cual sea el motivo que nos condiciona, no es un límite para nada, todos podemos hacer y lograr todo aquello que nos propongamos, y si nuestro entorno ayuda… ¡aún mejor!

Lo triste de esta situación es que me di cuenta de esto justamente por quien comenzó siendo la integradora de mi hijo en la escuela, para primer grado (asisten al jardín o escuela siempre acompañados por una maestra de apoyo personal o se les llama acompañante terapéutico o integradora). Qué paradójico ¿no?

Realmente, como padres debemos estar siempre alertas para filtrar y generar cambios rotundos si es necesario por el bien de nuestros hijos. Y son ellos mismos los indicadores de cuando una persona les hace bien o no. Ahora… si no haces *feeling* con alguien con autismo, deberías replantearte tus principios más básicos de vida, y es muy probable que no estés yendo por buen camino. Me refiero a lo que previamente comentaba de mi hijo, que todos son muy perceptivos y es como si te vieran el alma. Por eso viceversa… si sos abrazado por un niño o persona con autismo, ¡debes sentirte extraordinariamente bien!

Y a su vez hay gente que se enoja con este planteo, de no decir autistas si al final son autistas, o como el ciego que dice díganme ciego si en definitiva… soy ciego. Todo es valedero según el cristal con que se lo mire, lo que importa es la intención que tenga y lo que uno realmente sienta. Que no sea despectivo.

Por eso si te pasa como a mí, que mi hijo no habla pero se pone mal con alguien o se pone mal cuando vas a ir a un lugar, prestale atención y seguí sus instintos, porque es muy probable que algo malo pase.

Y así les conté que *Fabri* ha hecho fiebre cuando yo estoy mal o percibiendo alguna situación como cuando me tuvieron que anestesiar por un estudio. O aquí en Mendoza, que hay temblores, hubo uno muy fuerte y prolongado y no estábamos juntos, y empezó a decir mamá, mamá, mamá, antes de que sucediera.

También en otra ocasión fuimos los dos de paseo al Parque San Martín, llevaba el mate y un acolchado y juguetes para acostarnos en el piso, como lo hacemos habitualmente. Bajamos del auto, había varias familias... y de repente se puso nervioso y me empezó como a empujar hacia otro lugar y a los segundos aparecieron por detrás de una arboleda cercana, como 300 hombres corriendo y la policía tirándoles balas de goma. Se escapaban de una cancha de futbol cercana. La gente corría con sus niños y se metían en sus autos y nosotros ahí atrás de un árbol. ¡Qué susto! Por suerte no nos pasó nada. O estar en otra ocasión también en un parque y empezar a decir guardemos, guardemos… yo ya mirando para todos lados porque digo algo pasa... y de repente se largó una lluvia torrencial… Y así, un montón de situaciones increíbles…

Por eso cuando estás con una persona con autismo y de repente tiene una reacción a la que consideramos anormal, prestale atención, porque más allá del desorden sensorial que tienen, podemos ayudarlos mucho si detectamos qué es lo que les está afectando, no es porque sí, algo pasa. Puede ser una licuadora prendida, la televisión, un goteo de una canilla, el llanto de un bebé o una ambulancia que pasó. No siempre es lo mismo, y a cada uno les afectan diferentes cosas y en diferentes momentos de su vida.

No podemos generalizar, porque reitero, no hay un niño con autismo igual a otro. Si quieres ayudar… pregúntales a sus conocidos sus características más relevantes.

Causas del autismo

Aclaro que escribo desde mi punto de vista como mamá, contando cuál es mi creencia.

Después de todo lo transcurrido, pienso que, como padres expertos en el tema (sabiduría que a la fuerza te da la experiencia), podemos tener nuestro concepto al respecto.

Este año que transitamos, 2020, aún no se sabe de manera certera cuáles son las causas, y no me voy a poner a enumerar las supuestas causas de las que se habla.

El factor genético es uno de los puntos principales, es decir que alguien de la familia tiene que estar dentro del espectro, ya sea de esta generación de padres o generaciones anteriores.

Y más allá de los factores predisponentes, para mí la teoría más fuerte es la de las vacunas, porque a nivel mundial la incidencia que hay de autismo es muy elevada.

Reitero que 1 de cada 59 niños en la actualidad nace con autismo, y como se da más en varones que en nenas, sería que 1 de cada 40 niños varones nace con autismo aproximadamente. Imagínense esta cifra.

Al no tener rasgos físicos, pasan desapercibidos muchas veces, pero es una realidad y tenemos que ser conscientes que muchas de las personas que vemos en la calle pueden tener esta condición.

En el síndrome de Down es 1 de cada 700 nacimientos... ¡qué diferencia! Pero tiene rasgos físicos y resulta más común.

Dicen que antes las vacunas se hacían y las colocaban en el momento, luego las empezaron a congelar y tal vez colocaban vacunas elaboradas 10 años atrás.

El mercurio que existe en las mismas se elimina por los intestinos, pero en algunos casos en los que estos últimos se encuentran débiles, hace que el mercurio no se elimine y se dirija al cerebro provocando lesiones en las diferentes áreas que afectan al autismo.

Es así que, desde que el bebé nace, se enfrenta a un sin número de vacunas, que con la sola intención de querer hacerle bien y cumplir con las normas que rigen a nivel mundial al respecto, terminamos provocando daños irreversibles.

El cuerpo hace fiebre y se pone mal porque se le introduce una dosis del virus para que el organismo genere anticuerpos.

En estos años hubo personas que quisieron demostrar dicha teoría y accidentalmente murieron. O como silencian aún a Jim Carrey en Estados Unidos por apoyar esta teoría, o a Robert de Niro, que quiso lanzar un documental producido y actuado por él, que fue prohibido y censurado.

Ocurren muchas cosas que uno no puede darse cuenta de la magnitud que alcanzan, el comercio que se genera con las vacunas y enfermedades es impresionante.

En una oportunidad, como miembro de la Asociación de Padres de hijos con Autismo de Mendoza-Argentina, al querer promocionar una ley para la temprana detección del Autismo, a nivel gobierno era frenada, porque si se detectaran todos estos casos a tiempo, el sistema de salud no estaría preparado para afrontar los mil casos por año, a nivel de profesionales y terapias. Son tantas las falencias del sistema de salud, que es una de las primeras trabas que las familias con una persona con autismo encontramos.

La desorientación, la falta de herramientas y recursos, y principalmente la carencia de querer hacer las cosas bien, son obstáculos que uno enfrenta permanentemente.

Por suerte se está haciendo un fuerte trabajo de concientización y cada vez se conoce un poquito más del tema.

"CONOCER PARA COMPRENDER"

¿DISCAPACIDAD?

=

CAPACIDAD DE AMAR SIN LÍMITES

En definitiva, uno hace hincapié en las causas, pero lo importante es centralizarse en el desarrollo de la persona y llevar su potencial al máximo.

Es una condición que de por vida lo acompañará, no se cura, no es una enfermedad. Pero la persona con autismo, en muchos casos, transcurre una vida normal e independiente, como cualquier otra.

Tomar las cosas con humor

Una de las cosas que más ayuda para las madres, padres o familia, inclusive al mismo niño/a para su mejor desarrollo, es el humor. Tomar las cosas con humor debe convertirse en un hábito de vida, y hay gente que a veces lo ve mal, porque teóricamente uno tendría que estar mal por lo que está padeciendo. No importa como lo ven los demás sino como lo ve uno mismo, y si ayuda... ¡bienvenido humor!

Independientemente del autismo, todos tendríamos que saber vivir con humor, aprender a ser optimistas y a sonreírle a la vida a pesar de todo.

¿Sabías que existe el método de la sonrisa? ¡Claro! Ya habrás escuchado del poder de la sonrisa. ¡El reírse hace bien! Se liberan en nuestro organismo las hormonas endorfinas, que van a nuestro cerebro y provocan una sensación de bienestar y alegría. Inclusive está la película de Patch Adams, historia real de un médico que apostaba a curar con la sonrisa, y hoy en día hay payamédicos que siguen su lineamiento. Está comprobado que así nuestro organismo funciona mejor.

Por eso frente a cualquier problema que tengas… ¡intenta sonreír! Primero te va a costar, hasta duele hacer el gesto y parece tan incómodo, pero luego de a poco te acostumbras y ya te sale natural. Y no es ser falso, es ponerle el pecho a las balas. Es decidir afrontar la vida desde otro lugar... ¡Y hasta sirve de *lifting*!!

Fíjense cuando uno anda por la calle, la mayoría de las personas que uno ve tienen mala cara, es muy raro encontrarse a alguien sonriendo y si es así, llama mucho la atención. Y se contagia... la risa, el buen humor y ¡el mal humor también!

Hay gente que te dice ¡estoy feliz! Pero con una cara terrible… ahí está la frase... "Decíselo a tu cara entonces porque no se ha enterado".

Practica la sonrisa frente al espejo, en la calle, en todos lados. ¡Ponete recordatorios o carteles para sonreír! Al principio ayuda mucho hasta que se hace un hábito.

Yo lo he comprobado personalmente en mi vida.

Y es contagioso, como el bostezo.

El buen humor ayuda a salir de una rabieta, no hay nada mejor que unas buenas cosquillas genuinas. A *Fabri,* por ejemplo, le afecta mucho cuando alguien tose o estornuda, para él es como si estuviera explotando una bomba, y más que todo porque es algo sorpresivo y a lo que no se puede anticipar, y esto se da imagínense en la vida diaria permanentemente. ¡Ahora hemos logrado que hasta se ría cuando esto sucede! Y obviamente lo ayuda a autorregularse mejor.

Aprovecho a comentar que la anticipación es un gran recurso en el autismo, ayuda siempre a prepararse para lo que se viene. Lo que para el común de la gente no es necesario, aunque no lo puedan creer, usamos mucho las agendas diarias, a través de imágenes y pictogramas en algunos casos y ya en mi hijo verbalmente, para comer, ir al baño y todas las actividades del día a día. Decime si no te cambiaría la vida ¿no?

Siempre tuve tendencia por el humor negro, y no a todo el mundo le gusta... pero tiene ese algo extra de picardía. Así por ejemplo tomo el movimiento de brazos de mi hijo (el aleteo), diciendo que cuando sea grande va a trabajar de "bajador de termómetros". O si salimos a comer y la gente lo mira mucho por su movimiento de brazos no me pongo a explicar que tiene autismo, sino simplemente le digo "vas a salir volando". Y a veces uno se encuentra en situaciones muy incómodas, donde hasta lo han empujado y uno termina pidiendo disculpas, cuando en realidad tendría que haber sido al revés. O tener que dar explicaciones en la cola de la caja del supermercado con prioridad para discapacitados… y la gente muy enojada, pero ¡qué gracioso cuando uno dice "cuidado que es contagioso"! ahí se corren todos...

Y hay algunas personas que creen que el autismo es contagioso… y sí, ¡lo confirmo!

¡EL AUTISMO ES ALTAMENTE CONTAGIOSO!

Las personas que viven o trabajan con una persona con autismo son contagiadas por un extraño virus que les cambia la vida…

Te contagia alegría, honestidad, sinceridad, felicidad…

Se vuelven más tolerantes, comprensivas, inmunes a la frustración, valientes, tenaces…

¡Y se dedican a hablar cosas raras como el amor!

Atrevámonos a conocerlo y puede que nos volvamos mejores personas.

Reflexionando

Y así es el destino de cada uno, para algo vinimos a este mundo, seguro hay algo especial para nosotros. Qué bueno vivir la vida y encontrarlo y no pasar la vida sin hallarlo. Busca, lucha, sueña, emprende. Busca en tus fibras más íntimas porque allí está escrito, allí se encuentra…

Y quería tener una familia ideal… y quería tener más hijos para que no fuera hijo único Fabri, y quería tener alguien que me acompañara y disfrutara de la vida a mi par. Cosas que no conseguí, pero que tal vez algún día sí.

Pero una de las sensaciones que me quedó es la de no haber sido madre de un niño "normal". Lo digo así, entrecomillas, para que se me entienda, pero en definitiva… ¿qué es la normalidad? ¿Qué parámetros la conforman?

Me cuesta a veces hablar con otras madres porque inclusive no capto la dimensión de las cosas que me cuentan, como les pasará a ellas conmigo, seguramente.

También en este camino, uno encuentra a mamás de niños con autismo que tienen otros hijos, más grandes y más chicos que él. Obviamente su perspectiva es diferente.

También conocí casos donde dos o tres de los hijos tienen autismo. O trillizos donde uno de ellos lo vive. Seguramente su perspectiva también es diferente.

En mi caso, no solo es para tener idea de lo que significaría y como parámetro de comparación, sino que cuando *Fabri* nació, ya les conté lo enfermiza que fue esa situación, antinatural, de la convivencia con su padre. Me hubiera gustado tener la posibilidad de demostrarme a mí misma que podía afrontar el nacimiento y crianza de un hijo de forma normal como cualquiera, y disfrutando de su crecimiento y de cada logro obtenido. Me anulé tanto como persona en ese momento de mi vida, que gracias a Dios no llegué a anularme como madre, y luché contra ese desprecio que vivíamos todos los días. ¿Qué sería si no lo hubiéramos buscado, si no hubiera sido un niño deseado entonces? Son todos supuestos, pero si así fue deseándolo.

Y me he enterado de otros casos como este, donde el padre en el momento del nacimiento hace como un clic negativo, o viceversa, le sucede a la madre (inentendible). O aquel que nunca se vio como padre y ni se lo imaginó y al momento de nacer su hijo le generó un clic que le cambia la vida y no quiere separarse más de él, y cuando nadie apostaba por él termina siendo un excelente papá.

Son los trajines de la vida y que solo Dios sabe por qué se da así. Sé que también no se puede juzgar, porque solo el que lo vive entiende lo que le pasa y sus motivos tendrá. Es siempre más fácil opinar, pero cuando lo vivís en carne propia, ahí se te dan vuelta todos los conceptos y ves todo de una forma única... la tuya. Por eso ¡fuera a los prejuicios! Alejan de lo bueno y restan en nuestras vidas. Date la oportunidad de conocer y ahí sí opinar con sabiduría…

Vivimos la vida como si las cosas le sucedieran a los demás y a uno nunca le fuera a pasar. Y escuchamos y tratamos de comprender situaciones que uno las vive muy de afuera y no alcanzamos a comprenderlas realmente… hasta que nos pasa. Podríamos tratar de involucrarnos con los demás para vivenciar las cosas de otra manera, pero por lo contrario en el mundo que vivimos, cada vez se tiende más a centrarse en uno mismo y los demás dejan de importar. Cuando tendría que ser al revés.

¡Y dicen que un hermanito sería tan estimulante! Pero entre la reincidencia que parece que hay y el no haber encontrado la situación ideal, el tiempo pasó y ya las oportunidades se agotaron, al menos para mí, por mi edad, por mi modo de vida y principalmente por no tener con quien. No sé qué nos depare el futuro y si tendremos la posibilidad de tener hijos o hermanos postizos en tal caso, pero por lo pronto, parece que andaremos este camino solos juntos, mi niño, sabiendo que nos tenemos el uno al otro… hacemos una buena dupla. Lo importante es que pase el tiempo y no darme cuenta de todo lo que hice por vos, sino ¡todo lo que logré que hicieras por vos mismo!

Y uno vive la vida así, a mil, muchas veces casi al límite, el ritmo de vida es vertiginoso y no es para cualquiera, pero uno siempre tiene motivos para seguir a pesar de no dar más y sentir que todo se desvanece... seguimos adelante, con pocas horas de sueño, a veces mala alimentación, con poco tiempo para uno. Se vive estresado. Y es allí cuando cualquier situación liviana te saca de quicio, cosas que no son tal vez trascendentales pero las percibimos como si fuera el fin del mundo. Y uno lo vive así, pero en realidad es la gota que rebalsó el vaso, es la conclusión de la sumatoria de cosas que uno viene guardando y juntando y de repente explota. Para no llegar a esto, es muy importante la organización, planificación de tiempos y espacios y la anticipación a los hechos. Esto nos ayudará a que todo sea más manejable.

Ahora, no es lo mismo que la preocupación, que no hace más que generar ansiedad por cosas que la mayoría de las veces no suceden o sí, pero no de la forma que preveíamos. Como lo indica la palabra es pre-ocuparse, ocuparse de manera previa a algo que va a acontecer. Debemos intentar dejar de lado las preocupaciones porque nos consumen un tiempo muy valioso y lo que es peor, nos quitan energía. Y cuando las cosas suceden, por un lado, sabemos que por algo se dan, no existen las casualidades sino las causalidades, y por otro lado aprendemos que todo tiene solución.

Y si un problema tiene solución… ¡para qué te vas a hacer problema!

Y si no tiene solución… también… ¡para qué te vas a hacer problema! Nos enredamos en la situación y no hay forma de salir de ella, pero si nos ponemos en positivo ¡seguramente alguna solución… aparecerá!

Y qué bien vivir con esta postura y no, en cambio, vivir encontrando problemas para cada solución.

Todo esto nos ayuda a tener una mayor templanza para atravesar los momentos de crisis o regresión, agresión física o autoagresión. O cuando se dan los escapes, que salen corriendo, sin frenar frente al grito, abrumados sensorialmente. Todas situaciones que a cualquier persona alteraría, uno, en cambio, tiene que aprender a manejarlas con naturalidad, sin ponerse nervioso, tratando de transmitir calma y contención, mostrando la forma de salir de ese estado. Pero mientras, es muy difícil atravesar dichas circunstancias ya que provocan miedo, dolor, bronca, incertidumbre y uno queda totalmente agotado; imagínense ellos. El desgaste que se produce es impresionante. Uno queda abatido física y emocionalmente. La desesperación de ponerse en su lugar y entender lo que le está pasando, y no encontrar la manera para que cese.

Tan es así, que el valor de una sonrisa es indescriptible. El regocijo que se siente al verlos bien... es único.

Es así... el detalle más mínimo se vuelve trascendental.

Cuando hay agresión en autismo, es importante diferenciar que no es hacia uno, sino que es una vía de escape, de esto que está en ebullición y que al no hablar o no saber cómo expresarlo, por algún lado tiene que salir.

Lógicamente es todo un aprendizaje de adaptación de la conducta y de poner toda esa energía en otra cosa que me calme, que me guste, encontrando diferentes formas de autorregulación. Y cada vez irán disminuyendo y mejorando.

Avances y más avances

Su noveno año está siendo realmente grandioso. Lo mejor de todo, el realizar la resonancia de cerebro (despúes de cinco años de la última), y encontrar que aquellas lesiones ¡ya no estaban!

¡Cómo puede ser el cerebro tan mágico que, tan solo con estimulación, logra la desaparición de aquellas temidas manchas blancas!

¡Valió la pena! Tanto esfuerzo, tanta dedicación. Cada día de terapias, de escuela y principalmente de amor. Amor sanador, amor de madre, amor de familia, amor de amigos, amor de gente linda que nos rodea y que estuvo en cada etapa transcurrida.

Escuchar por primera vez en nueve años "Buenas noches, mamá" no tiene precio.

Lo que se siente es realmente maravilloso.

¡Qué felicidad!

¡Qué regalo más lindo del cielo!

Cada logro, cada pequeño paso, es un gran paso para nosotros.

¡Qué satisfacción más grande! Y es una inyección de vida para tomar fuerzas e ir por más.

Cursando ya tercer grado en la escuela y con una perspectiva fabulosa de lo que sigue, porque si bien nuestra vida es un día a día, ya puede empezar a dilucidar un mañana diferente. Realmente emocionante.

Verlo más independiente; ha empezado a hacer notar lo que quiere y lo que no quiere. ¡Se está comunicando! Diciendo sus primeras frases con intención comunicativa.

Tiene ganas de hablar y ya falta muy poco para que pueda hacerlo, de manera espontánea y fluida. Aunque con su mirada lo dice todo.

Comparte mucho con su mirada, complicidad y picardía, o simplemente lo que está haciendo. Su mirada es un privilegio, se para enfrente hasta encontrar tus ojos, como diciendo "acá estoy", y es así cuando un escaneo profundo te atraviesa el cuerpo, te sana, te anima, te reconforta, te reconstruye.

Luego un buen día escuchar: "Mamá, atame los cordones", así tan maravilloso, aunque haya sido la única vez y sin tiempo de reacción mía, y tan sorpresivo y especial, ¡la emoción invadió todo mi ser!

El proceso de cambio sigue siendo paulatino, manteniendo la característica que cada tres semanas aproximadamente, aparecen conductas nuevas que se mantienen por ese período y luego aparecen otras, y así sucesivamente. Solo hay que tener paciencia porque todo pasa y sigue fluyendo.

Su comprensión mayor, entendiendo más la complejidad de la semana y de los días y ya usando la anticipación, no solo de un día para el otro verbalmente (sin ayuda de pictogramas), sino también de varios días de diferencia. Es algo inimaginable y, sin embargo, ¡está ocurriendo!

Y es allí donde aparece ese llamado desde su habitación por la noche, tan esperado "Mamá, vení". Y la vida me sigue diciendo "vamos que se puede", "vamos que todo llega", "vamos que el esfuerzo vale la pena".

Las frases fueron cada vez más y en contexto, y buscando que uno las repita luego de él en muchas ocasiones, como refuerzo.

¡Ha llegado a cansarme de tanto hablar!

Su furor este año han sido los semáforos y luego las camionetas, enloqueciéndose cada vez que los ve; ya en vez de agitar sus brazos solamente, le incluyó el aplauso, y así ha pasado aplaudiendo tanto, que sus manos están agrietadas y llegan en ocasiones, a lastimarse.

Le gusta mucho caminar. Ya desde sus 8 años, tres o cuatro veces en la semana (si se puede por sus terapias y escuela), hacemos un recorrido largo, y en vacaciones es algo de todos los días. Cada caminata es diferente, si bien es muy estructurado, siempre hay algo nuevo, personas que saludar, charcos que esquivar, las rayas blancas de los cruces peatonales que no quiere pisar, o en las estaciones de servicio. Va mirando también las antenas o tanques de los techos de las casas, esquiva los perros.

Disfruto mucho pasear con él y, al querer ayudarlo, termino ayudándome a mí misma. Esas caminatas han sido muy sanadoras para mí.

También el otro auge ha sido pasear por el centro de la ciudad en auto. Así lo pide y así lo disfruta. Y dirige "sigo, doblo", aprendió la izquierda y derecha, nombres de calles. Las funciones de los semáforos. Luego caminar también en el centro, y tuvo su etapa de encantamiento con las escaleras, entrando así en forma tempestiva a los negocios para subir las escaleras que veía al final, lo cual generaba situaciones de asombro en las personas, más bien entendiendo como que iba a robar, pero explicando solamente que le fascinan las escaleras, pasaba…

Es impresionante cómo se ubica, tanto al caminar como al andar en auto para llegar a determinados lugares. ¡Es maravilloso!

Y ya el ser independiente se va logrando cada vez más, estos últimos meses, ya prepara su leche chocolatada, saca la basura, le pone la pasta al cepillo de dientes, se viste y desviste, barre, pone la mesa, guarda la ropa y cuántas cosas más. Logros importantísimos que llevan años, pero ¡llegan!

¡Es un gran año para mi niño y lo que está por venir aún!

Y como siempre te digo:

"Estamos bien y vamos a estar bien".

2 de Abril - Día internacional de la concientización del Autismo

Salimos con *Fabri* a poner globos azules en toda la cuadra donde vivimos, explicándole a los vecinos y entregando folletería.

¡Autismo en estado puro!

Eso es lo que se ve en esta imagen... este soy yo.

¡NO ME TENGAS MIEDO!

Es lógico temerle a lo desconocido.

Por eso te invito a ¡CONOCER PARA COMPRENDER!!

Conoceme para comprenderme.

En infinitas ocasiones mucha gente me mira raro... desconcertada… con miedo, y hasta teniendo en ocasiones reacciones muy despectivas.

Yo me hago como que lo ignoro, como si no me diera cuenta. Pero no quiero ir por la vida pensando que soy diferente, cuando en realidad veo que todos somos diferentes y especiales.

Quiero sentirme incluido, integrado, necesito amigos y sentirme amado.

Sé que tengo muchos ángeles que me cuidan y que se preocupan para que, por lo menos, mi entorno esté lleno de amor, que es en definitiva lo que necesito. Pero quiero ir por la vida siendo FELIZ A MI MANERA... Creeme que me esfuerzo mucho por adaptarme a todo, pero necesito también que el mundo se adapte a mí.

Por eso... si vez a alguien como yo, sea niño o adulto, que no tiene rasgos físicos fuera de lo común... pero ves que actúa raro... es muy probable que tenga AUTISMO... y lo que necesita es ACEPTACIÓN, que se logra con la COMPRENSIÓN que la genera el CONOCIMIENTO.

Te invito a ver la vida de una manera diferente... ¡la mía!

¡CONOCEME PARA COMPRENDERME!

¡GRACIAS FABRIZIO POR ENSEÑARNOS TANTO!

De parte de todos los que te queremos ¡hasta el infinito y más allá!

Trampolín

¡Esta altura de la vida llegó con todo!

Ya casi con 43 años, tengo encima una crisis existencial importante, donde pongo en tela de juicio muchas cosas vividas, aprendizajes, logros, pero principalmente las falencias, lo que no está, lo que no alcancé, lo que no logré.

Dicen que la diferencia entre la felicidad y la depresión es que, el que es feliz está viendo todo lo que tiene, y, por lo contrario, todo lo que no se tiene.

La ambivalencia entre saber lo que está y lo que no tenemos es un vaivén que muchas veces nos genera confusión y desencanto.

Imagino esta etapa de mi vida como una madera arriba de un rodillo, que en subida tuviste que ir trepando o escalando, hasta llegar al punto medio donde ya la madera se pone horizontal e intenta mantener un equilibrio, que es muy difícil, porque a su vez el rodillo entra en movimiento. Es decir que se te mueve el piso, generando mucha inestabilidad. Y entre querer mantener ese equilibrio, mirás para atrás y visualizás todo lo vivido, pero si te centrás mucho en eso, la madera se vuelve a inclinar, cuando lo que querés es avanzar. Y si das unos pasos más, la madera cae para el otro lado, en declive hacia un futuro que aún no conocemos, pero uno siente que ya va de caída, de bajada, de regreso, de vuelta al sol.

¡Cuántos sentimientos encontrados!

¿Cómo hacer para salir de esta incertidumbre?

Será… dejar de querer vivirle la vida a los demás, centrarte más en la tuya, en lo que te hace bien. Sentirse reconfortada por todo lo vivido y logrado.

Disfrutar de lo que se tiene, de uno mismo.

Las energías se agotan, uno da tanto que te quedás sin reserva.

Muchas pérdidas, muchos duelos de esas pérdidas no resueltos, mucha acumulación de esa falta de resolución.

El agotamiento mental que se transforma en físico, me carcome.

Necesito salir a flote.

Y una vez más… ¡allí voy!

Y hoy a 25 años de esa primera carta que me escribí a mí misma para abrir a los 68 años, me escribo otra, para abrir también dentro de 25 años, ¡si la vida me permite estar!

Te escribo habiéndome quedado vacía de dar tanto, y a la vez, llena de tanto; con muchas cicatrices en el corazón, unida a mi soledad, y costando el sonreír cada vez más. Pero igual con la esperanza, de que llegues a leer esta carta y que sientas ¡que valió la pena! Que llegaste, que pudiste, que aún te falta más, que tenés mucho para dar.

Espero que estés bien y que hayas logrado ver a tu hijo crecer y hacer su vida. ¡Ya debe estar teniendo 35 años el hombrecito! Ojalá, él haya podido formar la familia que nosotras no pudimos darle, y que la vida le haya respondido bien, como se lo merece. Y que vos, tal cual espectadora, hayas disfrutado de cada etapa vivida por él.

Creo que ese ¡va a ser el mayor motivo de tu felicidad!

Es difícil no pensar en tanto desencuentro que has tenido en tu vida, siendo supuestamente normal, ¿qué le puede deparar a él entonces el destino? Sin embargo, tengo la esperanza de que en su caso sea distinto y pueda rodearse, como hasta ahora, de gente que lo quiere y le hace bien.

Sentite reconfortada, porque todo lo vivido valió la pena. Sos una gran mujer. Perdonate y seguí adelante con el corazón tranquilo, porque ¡diste todo tu ser!

Y ¡disfrutá! Dejá de pensar y disfrutá.

Mi vida es un constante trampolín, y siempre decido saltar. Y cuando no… ¡han pasado años!

Situaciones de la vida trampolín, personas trampolín. Tan es así, que uno aprende a reconocerlos antes de tiempo, y lo vive ya sabiendo que no va a permanecer, en esa situación o con esa persona, sea mucho o poco el tiempo, será transitorio y nos impulsará a algo mejor o diferente.

Hoy, una vez más… ¡salto!

UN DÍA A LA VEZ

Una amiga muy querida me hizo ver esto de un día a la vez.

Muchas veces nos ponemos metas a mediano o largo plazo, y por una u otra cosa, no las cumplimos y nos frustramos, y sentimos que no lo vamos a poder lograr. Es lo que sucede habitualmente.

Surgió entonces esto de parcializar.

Solo por un día, soy feliz.

Solo por un día, trato de estar bien.

Solo por un día, trato de disfrutar.

Solo por un día, hago algo para mí o lo que me gusta.

Solo por un día, trato bien a los demás.

Solo por un día, les digo lo mucho que quiero a quienes me rodean.

Así lo hice conmigo, unos seis o siete objetivos diarios, escritos. La única condición, la obligación de hacerlos, hasta que se haga hábito.

Dicen que si uno hace lo mismo por veinte días se convierte en un hábito.

Fue lo que me sacó a flote. Lo único que me ayudó a salir, sumado a la voluntad.

Te pueden decir mucho de afuera, pero hasta que uno no acciona, todo seguirá igual y peor.

Y es así, a la gente que quiero se la recomiendo.

Creo que es un buen método, y ya en poco tiempo uno sí va viendo cambios, hasta lograr que sean más los momentos buenos que malos en un día, luego más los días buenos que malos, hasta que lo raro pasa a ser estar mal, dentro de un ámbito de bienestar absoluto.

¿Problemas? Siempre. Pero cómo uno los ve, y cómo los afronta, es lo que cambia.

Hacé lo que te gusta

En esta tarea de llevar mejor el día a día, es imprescindible intentar lograr un equilibrio, principalmente emocional. En estos casos en particular y en la vida misma, es sano que los integrantes de la familia tengan *su* propio momento. Que descargue energía y a su vez nos llenemos de energía para que cuando veamos a la otra persona estemos realmente bien y en armonía. Es el famoso cable a tierra, viéndolo desde el enfoque en uno mismo, o bien, el desenchufe donde uno cambia su rutina y el tiempo se detiene para uno solo.

Hacer lo que a uno le gusta, en el tiempo justo y correcto, convierte todo más fácil y llevadero. A mí por ejemplo me gusta mucho bailar, ya les había contado de danza clásica cuando era niña y mi gran sueño incumplido y lo que la música provoca en mi fibra más íntima, fue así que comencé a bailar salsa y realmente me fascina y en medida de mis posibilidades trato de hacerlo con frecuencia.

La música te traslada en el tiempo y el espacio, te hace sentir vivo, te moviliza, te emociona. Traslada, trasciende, transforma.

Sentir la música es como pararse frente al mar y ver el infinito de posibilidades…

Para algunos será bailar, como en mi caso, pero leer, dibujar, pintar, escribir, correr, realizar algún deporte, teatro, música. No importa el qué, sino el cómo y cuándo.

Estos últimos años fueron duros, continué con las pérdidas, duelos a nivel económico y emocional.

Todos nos equivocamos y tenemos derecho a hacerlo. Pero hay que aprender a "solucionar, enfrentar y remediar". Es mi consejo más sano, después de haberme dado muchas veces contra la pared, uno aprende que ésta es la forma más efectiva. ¡Enfrentar y remediar!

La vida parece no darme tregua. No alcanzo a salir de una cosa, que ya aparece otra, y no me da el tiempo de sanar.

Pero el baile siempre es curativo, terapéutico.

Y uno llama las cosas, y es así que, el 2019, tuve la posibilidad de acompañar en las clases de baile a quien fue mi profesor de salsa dos años atrás.

Esta vez, desde otro lugar, el de enseñar y compartir y transmitir lo que uno aprendió.

No habré sido bailarina clásica, que era mi mayor sueño, pero a través de la salsa y la bachata, encontré una manera de vibrar en el tiempo y el espacio.

Bailar me traslada, me hace bien.

Bailando he llorado, reído, sonreído.

No entiendo aquellos que bailan con mala cara. Sí o sí, te hace un lifting natural, levantando todo lo que, ya por naturaleza, tiende a caer.

Y disfruto. Aunque sea esa pequeña parte se disfruta, pero también se aprende a transferir, llevando la música a todos lados, y se continúa bailando la vida.

Una experiencia enriquecedora sin dudas; más allá de las críticas, fue mayor el amor y la alegría que pude dejar en quienes lo compartieron conmigo.

Y a mí, me sacó de un estado en el que ya me había estancado, donde mi cama, era el lugar predilecto, y lo único que quería, era estar todo el día acostada.

Por eso me gusta animar a la gente a que baile, porque hace bien, te desestresa, te hace olvidar, te desinhibe.

De mí... para mí:

"Nunca dejes de bailar".

Habíamos dicho que ningún extremo es bueno… aquí pasa lo mismo.

Todo lo placentero deja de ser placentero cuando se vuelve rutinario. Hay un tiempo y un momento para todo y el aprender a manejarlos será el éxito del desempeño en nuestros roles, como padres, hijos, hermanos, amigos, tíos, empleados o empleadores, abuelos, amantes…

Valorando lo que tenemos en nuestras vidas, también se ve que uno puede hacer lo que a uno le gusta simplemente con lo que tiene. Muchas veces esperamos "el momento" y nunca llega. Nunca es el momento justo o adecuado para casarse, tener hijos, para ese proyecto personal o para cosas más simples, como ir al gimnasio o salir a caminar, o el reencuentro con amigos. Siempre hay algo más importante y no nos damos cuenta que tener nuestros propios momentos y disfrutar de ellos es esencial para estar bien en todo lo demás…

Es así que, en el trajín diario, me preocupo por estar bien yo para brindar así lo mejor a los demás.

El tema también es que siempre que buscamos estar bien es por algo o alguien. ¿Por qué no estar bien por nosotros mismos? Creo que ahí está el enfoque en realidad, y no se trata de egoísmo, sino de merecimiento. Yo me merezco estar bien y disfrutar de la vida, y si yo estoy bien inevitablemente genero bienestar a mi alrededor.

Hacer lo que te gusta llena el alma y el corazón, abre puertas y posibilidades y te inmuniza frente a lo malo y mediocre de la vida.

Animate, no dejés pasar más tiempo. ¡La vida es aquí y ahora!

Los sueños se hacen realidad

Y así… viviendo el autismo hoy, puedo decirte que lo que era raro al principio ahora es familiar y es algo de todos los días, que uno se acostumbra tanto, que ya lo raro pasa a ser la vida misma, el bagaje banal del día a día. ¡Hay tanto por valorar, hay tanto por aprender, hay tanto por vivir!

Y el disfrute es permanente, vivimos esperando la sorpresa de todos los días, ¿qué nos deparará el día de hoy?

Hasta el detalle más insignificante para cualquiera se transforma en un gran paso, saltando abismos, cortando el fuerte viento, yendo contra la corriente, ¡logrando volar sin alas!

Y todas las mañanas despierta con una sonrisa y contento, eso no tiene precio y es un indicio de saber que vamos bien, que estamos en buen camino.

Y ya está en un cuarto grado de la escuela, cumpliendo 10 años, aprendiendo.

"Mamá me explicó que tenemos autismo y me enseñó una frase, la que con ayuda de ella puedo decir… *Todas las personas somos diferentes, y todos tenemos algo que nos hace especial. Nosotros tenemos autismo, simplemente, es una manera diferente de ver las cosas*".

"En mi cumpleaños, que lo festejamos en la escuela, se la pude decir a mis compañeros".

Este año el colegio tomó muy diferente al autismo, hasta se pidió que llevaran una prenda azul el día internacional, además hicieron un corazón gigante azul en el portón y hablaron del tema en las aulas.

Realmente increíble. Después de tantos años de lucha por la aceptación, las cosas al fin van cambiando.

El año anterior, solo habían puesto unos globos azules en el portón, y ni siquiera se tuvo en cuenta que participara en el acto de fin de año de la escuela. Eso fue desgarrador para mí.

¡Es increíble cómo al cambiar la mirada, lo que uno puede ver!

Y así se lo consideró y pudo tener un acto de fin de año hermoso, hasta con papel principal en un teatro enorme. Vivirlo fue único.

Y apareció la tan temida medicación, pero que dio muy buenos resultados en general.

¡Cuántas cosas atravesamos juntos!

El furor de este año fueron las rejillas, le fascinan, las del piso, las de la pared. Siempre va cambiando su atención en algo, así como en su momento fueron los semáforos, después los timbres. Las casillas de gas de las casas, los medidores de las casas.

Y después de cuatro años de andar en bici, sin poder dar toda la vuelta al pedal, llegó ese momento que tanto se había insistido, y mágicamente comenzó a hacerlo, aún con sus rueditas por supuesto.

Lo recuerdo muy bien. Ese día algo me decía que fuéramos a pasear en el auto hasta Lavalle, que es un Departamento de Mendoza (Argentina), donde vivimos. Y así fue... es un lugar muy tranquilo, estábamos en la plaza principal, era un día de sol de esos de invierno, pero que el sol de la siesta se pone tan lindo. Y ahí iba de nuevo con su bicicleta, y en otra de las tantas insistencias, ¡logró dar la vuelta al pedal! Y otra vez, y luego no, y otra vez sí... y así, estuvimos un buen rato. Y yo corría al lado diciéndole, lo estás logrando, con los ojos llenos de lágrimas de la emoción y estimulándolo.

Es una sensación que es difícil de explicar, solo el que la vive podrá entenderlo. Fue un día inolvidable.

Y ya pasó a otro tamaño de bici, y siguió dando toda la vuelta al pedal. Hasta andar con una sola ruedita, porque se intentó sacarlas pero no.

También fue un año donde pudo expresar dolor, de panza o ganas de vomitar. A su manera, pero estaba saliendo. Como mamá siempre alerta y con la intuición afilada, es la única forma sino, de saber si algo le está pasando.

Y apareció el miedo a la oscuridad, el dormir con una lucecita tenue "su mariposa", siendo que hasta sus 9 años prefería estar a oscuras. Como más consciente de su entorno.

Continuaron los paseos en auto, aunque fueron mermando, y ya los últimos siempre con su bicicleta.

Y las caminatas, ya no eran caminatas, sino que eran bicicleteadas, y luego a comienzos del 2020, empezó a mantener el equilibrio y a ¡andar sin ruedas!

Fue también un hermoso día de sol, y estábamos dando nuestro recorrido habitual de 50 cuadras más o menos. Y yendo por la ciclovía del Parque O'Higgins, comenzó, de repente a mantener el equilibrio. Y yo, emocionada, "lo estás haciendo", "lo estás logrando". No lo podía creer. Si bien el deseo estaba, era algo impensado que pudiera hacerlo.

Me hubiera encantado filmarlo, pero ya ni el celular llevaba, por experiencias de robo anteriores.

Así que, al llegar a la casa, de tan entusiasmado que estaba por la emoción, sacamos la única ruedita que quedaba, y ¡se largó a andar por la vereda!

¡Fue un momento único! Y ahí sí, lo filmé. Cargada de emoción, de esperanza. ¡Que se puede y que vamos por más!

Es increíble verlo y cómo la maneja y todo lo que hace.

Y todo llega, y está haciendo cosas espectaculares.

Hasta hemos podido salir los dos en bici, ¡qué placer!

Está hablando un montón, es impresionante las frases completas y en contexto que produce. Está en un proceso de autodiálogo que, al parecer, es su propio pensamiento que sale a la luz, parte del proceso que todos tenemos, donde verbalizamos lo que pensamos, y luego, ya no lo decimos, pero sí, lo pensamos, lo internalizamos.

Emiliano Barrera, licenciado en Psicología.
Terapeuta de *Fabri* durante ocho años.

"Durante todos estos años *Fabri* ha sido, en mayor o menor medida, un referente en el camino a seguir, para varios terapeutas y padres".

Cuando uno vive todas estas cosas inimaginables, parece que estuviera viviendo un sueño. Un sueño hecho realidad, que entusiasma y esperanza.

Fue un avance importantísimo, que sería el puntapié inicial para grandes cambios.

La cuarentena

¡Y ya en Quinto Grado!

Cumplió 11 años.

Y comenzó a dormirse solo, si bien tiene su propia habitación, siempre me tenía que quedar con él hasta que se durmiera, así que fue un gran cambio. Siempre con su mariposa luminosa.

Y él se amolda, se adapta; le cuesta, pero termina adaptándose a los cambios y diferentes situaciones.

Así, de no creer, llegó a nuestras vidas la cuarentena, originada por la pandemia mundial del coronavirus. Era marzo de 2020, ya había comenzado en otros países del mundo, algo inédito y jamás pensado.

Un virus que paralizó a todo el mundo prácticamente, generando muerte y desazón en varios países, cientos y miles de muertos, por su alto nivel de contagio.

El lavado de manos, el uso de barbijo, el colocarse alcohol en gel, desinfectar la casa, calzados, ropa y todo lo que viniera de afuera, por precaución.

Fue antes de su cumpleaños que decretaron la cuarentena total en Argentina.

“Esperamos a no tenerlo, para valorarlo”.

Será que perdí mucho, será que dejé de tener en tantas ocasiones, que eso me enseñó, hace años, a valorar lo que tengo, en tiempo y forma.

Y antes de que esto pasara, todavía había gente que no entendía que agradecías su tiempo, un abrazo, un consejo, una llamada, una mirada, una sonrisa de aliento.

Y así, llega esta cuarentena... para algunos, para reafirmar lo que ya habíamos aprendido, ¿qué es lo importante en esta vida?

Para otros... para aprenderlo, y si es que alcanza tanto sufrimiento y muerte, para que todo no vuelva a ser la vida banal de siempre.

Y para otros tantos... que no enseñará nada, porque es gente que no está predispuesta al cambio, y solo vive la vida dejando el agua correr, sin ser generadores de nada, para evitar culpas propias.

Un antes y un después, sin duda.

Algo histórico, que tal vez este libro tuvo que demorarse diez años para que lo incluyera.

Siempre digo que por algo se dan las cosas.

A nosotros nos pegó fuerte, nos tuvimos que amoldar a la fuerza.

Recién empezaba la escuela, con todo lo que eso significa para él, adaptación y todo lo nuevo.

Y dejamos de ir a la escuela, y no podíamos salir de casa, ya no habría caminatas ni bicicleteadas. Ni terapias, ni nada.

En el autismo, como ya lo he comentado, una de las dificultades es la inflexibilidad, por lo tanto, los cambios de rutina son muy complicados.

Aparecieron los golpes en la cabeza, y es, tan desesperante, que uno no sabe ya qué hacer para detenerlo. Hasta me daban ganas de pegarle yo para que dejara de hacerlo, y no lo niego que tuve que recurrir a eso en alguna ocasión, ya de la impotencia, y así, paraba.

Luego, con el paso de los días, y poder muy de a poco tener sus salidas permitidas de la casa, eso fue mejorando.

¿Cómo explicarle esto del virus? Que es algo tan abstracto para él. Y hasta se aprendió el nombre "coronavirus".

Y le decía que no se podía salir de la casa, pero él veía que en la calle había gente. Recuerdo patente la imagen de verlo agarrado a la reja de la ventana, estirando sus brazos para afuera como queriendo agarrar el aire, desesperado.

Y tuvimos de todo. El autismo se hizo visible para los demás, porque yo me ponía mi remera azul con la inscripción de autismo para evitar complicaciones, y siempre llevábamos lazos azules en la ropa o atados en el brazo. Pero, así y todo, hubo gente que nos gritó, nos filmó, nos persiguió. Hasta una desesperada por ponernos alcohol en gel.

Y en un segundo en el autismo puede cambiar todo. Golpes fuertes, ruidos inesperados (bocinas, tos, estornudos, llantos). Como con la pirotecnia que se consiguió comprender el efecto nocivo sobre las personas con autismo y animales, uno vive esto todos los días, a cada instante.

Para que se entienda mejor, un ejemplo es cuando determinado ruido como una tiza en el pizarrón, o uñas pasando por una superficie, o el rechinar de un globo, a la mayoría de las personas nos provoca una sensación extraña en los dientes, como de no soportar ese sonido… Pues así viven su vida ellos, con esa sensación permanente, que genera adrenalina y estrés. Además que la mayoría de las personas con autismo, tienen una audición más sensible, suelen escuchar todos los sonidos ambiente al mismo nivel. Por eso también les cuesta concentrarse y se aturden. Pueden escuchar la caída de un alfiler, o el roce de una servilleta, o el llanto de un niño que está a dos cuadras. Imagínense vivir la vida así.

Por lo tanto, pido comprensión, empatía.

No hace falta gritarle frente a una conducta no esperada, ni tocarle bocina, burlarse, agredir, filmar, mirar mal.

Si no se corre en la calle al cruzarte con él, ¿qué tanto cuesta correrse uno?

No es maleducado, ni caprichoso, ni malo, ni tonto, como le gritan y dicen.

Comprender - Empatía.

Esas salidas, a pesar de los nervios ocasionados, si lograba aunque sea *una* sonrisa, objetivo cumplido. Y lo ayudaba a estar más calmado el resto del día.

"El poder vencer la crisis y sentir que así y todo, valió la pena".

Nos encontramos con actitudes de policías muy buenas y comprensibles, pero también, con algunas detestables.

Las dos primeras semanas, tuvo que entender que no podíamos salir a caminar o a andar en bicicleta, cuando ya hace más de dos años que lo hacemos, con lluvia o frío, igual.

·Luego, vino el permiso del presidente para personas con discapacidad intelectual y/o mental, a salir según terminación del DNI. ¿Cómo explicarle que hoy si, mañana no, después sí, después no, después sí y después por dos días no? (por sábado y domingo).

Y, además, encontrarnos con policías que desconocían dicho permiso, humillándonos, tratándonos mal, que solo era para cosas importantes la salida, que había cámaras, que por qué no lo hacía caminar por el patio. Yendo con los papeles correspondientes y dentro del rango de 500 metros del domicilio, hasta nos querían llevar procesados.

A *Fabri* se le generó una imagen negativa de la policía, y yo reflexionaba... estos son los mismos tipos que cuando *Fabri* sea adolescente y lo quieran detener y no responda, pueden dispararle. Como ya ha pasado a nivel mundial. Como aquel caso del muchacho con autismo que se quería suicidar, y es la policía que termina matándolo en vez de ayudarlo. O en otro caso que le dispararon porque pensaba que estaba agrediendo a una persona y era su acompañante terapéutico que lo estaba conteniendo en una crisis.

Yo no pretendo que conozcan qué es el autismo, porque es verdad que mucha gente no lo sabe, pero sí, tienen que saber que hay un permiso dado por el Presidente de la Nación.

Luego, a las dos semanas, sacan una resolución provincial, se puede salir, dos veces por día, 30 minutos por vez, a la mañana y a la tarde. Ya para este entonces, nuestro caso, como el de tantos otros niños con autismo que habían vivido algo similar, llegó a los oídos de la directora de Discapacidad del Gobierno, y se instruyó por fin a los policías y los malos tratos desaparecieron.

Y lo tan malo de la cuarentena, sumado al no poder trabajar, no tener ingresos, y toda esa preocupación, con paciencia y cambio de actitud, se fue convirtiendo en algo muy positivo para nosotros.

"La actitud lo es todo". Es la misma situación, pero cambia nuestra forma de ver las cosas.

El apoyo del colegio para el 2 de abril, Día Internacional del Autismo, esta vez, vía redes sociales, porque no había otra manera... fue grandioso. Sus maestras siempre presentes con algún mensajito y hasta videollamada, son gestos que hablan de una inclusión lograda.

Armamos en casa, desde un principio de la cuarentena, un espacio de trabajo. Ya que no iría a la escuela ni a las terapias. Nunca pensé que fuera tanto tiempo y parece que va a ser por mucho más. Así que esta modalidad nos ayudó a afrontar el día a día y generar esa *estructura* que *Fabri* necesita.

El contacto con la escuela y los terapeutas siguió siendo virtual, dándome pautas de qué hacer, sumado a mi creatividad.

Todos los días son iguales, y es la misma dinámica, porque trabajar lo mantiene ordenado. Y al tener un espacio solo para eso, ¡hasta se sienta y le gusta y hace cosas increíbles!

Dividir cosas por categoría, nociones espaciales, escribir a mano, escribir en un teclado que incluimos hace un par de meses, leer oraciones, sumar, restar, ampliación numérica, jugar juegos respetando turnos, comprendiendo consignas y órdenes, hacerle preguntas abstractas y responderlas en forma correcta. ¡Es increíble!

Además de que se duerme solo, nos metimos de lleno a lograr su independencia, para el baño, su higiene personal, poner la mesa, preparar su leche todas las mañanas, tender su cama, separar la ropa sucia, ponerla en el lavarropas, guardar ropa en su ropero, calentar en el microondas.

¡Logramos el desvestido de la parte superior al fin!

Ahora está aprendiendo a atarse los cordones. Y aprendió a abrir y cerrar la puerta con llaves, así se escapó ya por primera vez.

Superinquieto, curioso, todo le llama la atención.

Sigue su furor por las rejillas, pero también apareció el de las acequias, meterse, mirar por abajo de los puentes.

Damos la vuelta a la manzana con su bici, y yo, agarrándolo del hombro, se acostumbró así, a ir despacio. Y después de dos meses ya en vez de caminatas pudo salir de nuevo con su bici a hacer el recorrido, ¡qué felicidad tenía! Y al tiempo ya se convirtieron en bicicleteadas nuevamente de los dos. Es una práctica diaria que le genera un aprendizaje único.

Y apareció su nueva pasión por los carros de supermercado. En la casa del frente hay uno como basurero, y en las verdulerías de la vuelta también. Y unos vecinos le prestaron uno chiquito, fascinado.

Y luego empezó a llamarle la atención los árboles grandes, y frena, y los toca dándoles palmadas como de consuelo.

Y así va pasando el tiempo, y eso que tanto le gustaba, deja de hacerlo y lo cambia por otra cosa nueva.

Su autodiálogo continúa, pero cada vez tiene más tinte a comunicación. ¡Tiene ganas de hablar! Varias veces se para frente a mí, me mira como que me quiere decir algo… y no puede; una vez sí, volvió a hacer lo mismo y le salió "mamá". Y yo le digo… "tranquilo, cuando quieras, cuando lo sientas, mamá va a estar lista para escucharte, me podés decir lo que quieras, lo que sientas, que yo voy a estar preparada, esperándote".

Algo me dice que falta muy poco para que se exprese, diga lo que siente, lo que quiere y le duele. ¡Muy pronto hablará espontáneamente!

Algo a destacar de esta cuarentena es el silencio, la gente encerrada en sus casas, como un velorio, ni música, ni ruidos. El mundo se detuvo, y con él, pareciera, las ganas de todo.

Silencio que llama a la reflexión que, sumado a la incertidumbre, asusta, espanta.

Hay personas acostumbradas al silencio, yo soy una de ellas. Otras que necesitan ruido para vivir. El ruido molesta, no deja pensar con claridad. Prefiero la música que te invade y te invita a soñar.

Hablamos de distanciamiento social y aislamiento, y qué curioso, que justo, es una de las características de las personas con autismo. Y decimos ¿cómo puede estar haciendo eso que le gusta por horas? Y resulta que a varios les ha pasado eso en este contexto. Y nos puede llevar a pensar entonces, por qué no le dedicamos más tiempo a aquello que nos gusta hacer.

Y sentir que a pesar de que queramos estar con otras personas, no podemos. Debe ser un sentimiento similar, a no saber cómo.

Querer jugar con alguien, pero no poder, y sentirte acuartelado e impotente frente a la limitación.

Todos hemos tenido ese sentimiento de querer y no poder. Pero para ellos, es así su vida.

Ojalá esto que nos pasa sirva para entender un poco más a las personas con autismo, y aprender que solo es eso, una forma diferente de ver las cosas.

Y uno se acostumbra a estar solo. Las personas que vivimos y sentimos la soledad, la incorporamos de tal manera que luego cuesta salir, relacionarse, compartir. Preferís quedarte en la casa.

Tal vez a varios les pase eso también luego de esta cuarentena. Porque va a pasar, todo pasa. Y la vida volverá a su normalidad.

Cuarentena, época donde se visualizan los más grandes actos de solidaridad y de miseria humana.

Aquello que cada uno llevamos incorporados en nuestra esencia sale a la luz. Algunos, tratando de ayudar de la forma que sea a otros, con mercadería, ropa, barbijos, elementos de higiene y prevención, o simplemente cuidándose y respetando al otro, no desabasteciendo ni invadiendo. Haciendo una llamada, o enviando un mensaje que le pueda cambiar el día a ese alguien más.

Por lo contrario, gente oportunista, aprovechándose de la fragilidad del estado anímico de otros, económicamente o para algo en su beneficio personal, logrando enriquecerse, a costa de la necesidad de los demás; realmente lamentable.

Y ¿qué hubiera sido de esta pandemia sin internet?

La posibilidad de videollamadas, audios, las redes que te mantienen informado, con estadísticas a nivel mundial, viendo qué pasa en un país o en otro.

Poco podemos imaginarnos cómo habrán vivido la pandemia de 1520 de la viruela, o de 1918 de la gripe española, o las de 1800, que fueron varias.

Ocho años me llevó poder ver la película de Temple Grandin. Otra sorpresa más de esta cuarentena, lo que parece tan simple, como ver una película...

Las personas que sobrellevamos el diagnóstico de un hijo, atravesamos todo un tiempo de dolor y aceptación, proceso que puede durar mucho o poco, o nunca terminar.

Lo bueno es que al ser un caso real (Temple tiene hoy por hoy unos 73 años), ayuda a entender más sobre el autismo. Uno nunca termina de aprender. Y da esperanzas, pero a su vez, uno se llena de temores, de cómo va a ser ese contacto de él con la gente común, enfrentándose solo al mundo. Temor que todo padre tiene, pero en nuestro caso, se agudiza.

Y a mí me llevó todo este tiempo, estar *preparada* para verla. Ya que tiene una carga emocional importante. En muchas charlas de autismo que asistí, se presentaba de ejemplo, o fragmentos, el discurso final.

Seguramente siempre habrá alguien bueno en su camino, dispuesto a ayudar, comprender. Eso espero.

Y así ¡la vida sigue siendo una cebolla!

Recuerdo siempre la metáfora que contaba nuestro amigo Adrián Pomidoro, gran capacitador, que decía que lo mejor siempre está dentro nuestro, lo que queremos alcanzar y lograr siempre está dentro nuestro o por lo menos el camino para lograrlo, y que somos como una cebolla, que para llegar a nuestro centro, tenemos que ir sacando capa por capa, que tal cual cuando uno pela una cebolla, llorás de manera inevitable, y así llorarás… pasarás por cada etapa, pero verás que tanto dolor y sufrimiento al fin valió la pena porque llegaste a tu centro, a tu esencia y lograste lo que querías, y ya no hay logros inalcanzables, y ya no hay puertas cerradas.

Seguí adelante, hijo, seguí tus instintos, tu manera única de ver las cosas. Lo que te diga tu interior frente a determinadas situaciones, seguilo, pelealo, luchá por eso. Es el camino correcto.

Sos un ser tan puro. Seguir tus instintos va a ser siempre el camino correcto. Nunca lo olvides y no permitas que te cambien. Tu esencia es lo que te hace único y especial. ¡Nunca la pierdas!

15. VOLVER ATRÁS

Volver atrás… ¡NUNCA! Por lo menos para mí es prácticamente mi lema de vida.

No sirve volver atrás. Todo lo que quedó atrás en nuestra vida por algo es, y lo que se quiere retomar del pasado por lo general es un intento frustrado, que no nos conduce a nada. Como se dice… lo pasado pisado.

Querer retomar una amistad ya rota, un amor anterior que por algo la vida te alejó de él, un trabajo que no prosperó, querer cambiar cosas de la salud o enfermedades vividas que ya ni remedio… ¿qué sentido tiene?

Por eso… hay que vivir la vida al máximo y disfrutar en el momento y hacer lo que hay que hacer… en el momento. Porque cuando pase el tiempo por más que quieras ya no vas a poder hacerlo. O lo harás, pero ya no tendrá el mismo efecto o resultado de haberlo hecho cuando correspondía. Es así… vivimos a destiempo con muchas personas o cosas, cada uno tiene su ritmo, su momento para cada cosa. Como se da también en otras situaciones que congeniamos, que todo fluye, que todo se da. Es la energía que producimos conjugada con la energía de nuestro alrededor, de nuestro entorno, e influenciada por la energía del tiempo y el espacio. Querer volver atrás es poner mi energía en un tiempo y un espacio que no corresponde y por eso no funciona.

Ahora bien, si retomamos una actividad o relación previa, debemos entender que el punto de partida es este nuevo tiempo actual, porque nada vuelve a ser como antes, porque el entorno y alrededor es diferente, porque nosotros somos distintos, porque vamos cambiando con el paso del tiempo y nuestro entorno cambia también. Si no entendemos esto, no nos va a ir bien, porque vivís intentando volver atrás todo el tiempo y no sirve vivir retrocediendo, sino avanzando.

Siempre hay que avanzar, todos los días… un poquito aunque más no sea.

Hay personas que no vuelven atrás pero tampoco avanzan. Con esto quiero decir que no sirve tampoco solo mantenerse en el tiempo y el espacio, porque si no avanzamos, estamos estancados y es prácticamente lo mismo que retroceder.

Hay que intentar las cosas en su momento una y otra vez y si no se da, es porque no es el momento. Ahora… pasa el tiempo y, empecinados como somos, queremos volver a intentarlo, pero tampoco es el momento porque ya todo lo demás cambió. Lo mismo pasa al revés… cuando logramos algo en nuestra vida, a nivel de trabajo, amistad o amor y decimos: "Cómo no nos sucedió esto hace 15 años". Y la verdad es que, si se hubiera dado así esa oportunidad, lo más seguro es que no estuvieras con esa persona o no te hubiera salido ese trabajo o no te hubieras hecho amigo, simplemente porque no era el momento.

Vuelvo a decir: es la energía que producimos conjugada con la energía de nuestro alrededor, de nuestro entorno e influenciada por la energía del tiempo y el espacio.

Volver atrás… NUNCA. Cuando estás convencido de que lo diste todo, cuando hiciste y viviste con fundamento, metele para adelante, porque todos esos errores cometidos, porque todas esas relaciones frustradas, porque todo lo malo vivido, es el trampolín para todo lo bueno que vendrá.

Retomá los estudios que dejaste, subsaná, sí, una ruptura familiar; reconstruí, sí, una amistad perdida; volvé si querés con tu primer amor… pero siempre desde el HOY y desde tu esencia como persona y vas a sentir si ese es el momento o no.

Todos nos damos cuenta de cuándo es el momento de algo o no, en ambos casos, muchas veces lo obviamos. ¿A qué me refiero?

Quiero casarme pero sé que no es el momento… igual lo hago.

Sé que es el momento de recibirme en una carrera universitaria… pero no la termino.

Sé que tengo que decir algo… pero decido callarme.

Sé que la otra persona no quiere estar conmigo y busco un hijo para estar unidos para siempre…

Son solo algunos ejemplos para hacer consciente lo obvio y que en todos los casos no generan nada positivo, porque no estamos actuando en concordancia con nuestra energía, con nuestro entorno y con el tiempo y el espacio.

Muchas veces queremos lograr cosas, pero no las vamos a conseguir hasta que sea el tiempo justo. Tiempo justo, justamente por el tiempo en sí, por nuestra preparación como personas para ese momento y para que se dé en el ámbito adecuado y con el entorno que corresponda.

¡Sé paciente! Que no significa quedarse con los brazos cruzados. Busca, intenta, lucha… que en la vida todo llega si lo esperas, si no desistís, si no bajas los brazos.

Hay que aprender a ser pacientes, pero impacientes con uno mismo, para no quedarse, para mantenerse activo, para ser productivo y útil para mí y los demás, para generar cosas positivas.

Te invito a jugar a ser una persona equilibrada… ¿te animas?

¡Qué difícil pero apasionante!

16. NUESTROS PADRES SON… NUESTROS PADRES

Este capítulo es más bien un llamado a la reflexión para convivir a lo largo de la vida de la mejor manera con este karma que a todos nos toca llevar… nuestros padres.

Siempre desconformes con ellos, en la mayoría de las situaciones.

Siempre decimos que hubiéramos hecho todo tan distinto si hubiéramos estado en su lugar, y al final cuando tenemos hijos muchas veces se repiten las historias.

No los podemos cambiar, pero sí cambiar nuestra actitud y como los vemos nosotros, y eso lógicamente generará un cambio en ellos, o por lo menos las cosas podrán ser de otra manera.

E infinitas situaciones se dan… entre que algunos no conocen a sus padres biológicos, a ambos o a uno, pero no por eso, el fantasma deja de existir… nos acompaña toda la vida, me refiero a que ¡es una ausencia tan presente! Además, tienen que aceptar a los padres adoptivos, en uno o ambos casos.

Luego los que tenemos a nuestros padres biológicos, pero siempre con esa lucha interna de desear haber tenido otros padres, pero con el paso del tiempo, a veces con mucho tiempo más del necesario, te das cuenta que tuviste los padres que tenías que tener y que no hubo mejores padres que ellos.

Son las etapas que vamos pasando, en la niñez de adoración, en la adolescencia de rebeldía y que nos cambia totalmente la imagen que teníamos de ellos, y en la adultez llega la reflexión final de "qué grande que fue mi viejo o mi vieja".

Y mientras tanto… ¿qué?

Algunos tienen la suerte de tenerlos hasta muy mayores, y ahí ya se viene otra etapa donde uno como hijo debe devolverles lo que ellos hicieron por nosotros de bebé. El tenerles más paciencia de lo habitual, comprender y convivir con la pérdida de memoria, vista o audición en algunos casos, ayudarlos a sobrellevar sus problemas físicos, incontinencia y demás.

Todas las personas tienen cosas buenas y cosas malas, depende de ellas resaltar cuáles y depende de nosotros, valorar cuáles. Y la comparación es inevitable, ya que de pequeños vemos a los padres de los otros niños y nos gustaría vivir tal o cual situación como ellos, pero debemos darnos cuenta de que eso que nos parece tan bueno, es esporádico y qué diferente sería en realidad vivir con esa familia.

Hace poco vi un ejercicio donde les preguntaban a los niños, ¿qué cambiarían de sus padres?, y les hacían creer que apretando unos botones esos cambios se realizaban; luego de eso hacen volver a sus padres a verlos y son ya otras personas de cuerpo y facciones y los hacen retirarse del lugar con ellos, pero no convencidos, vuelven, mientras estos nuevos padres esperan; y se largan a llorar los niños y dicen que no, que ellos quieren a sus papás como eran, no a estos nuevos, que los van a aceptar como son; entonces vuelven a apretar los botones y regresan ahora sí sus padres verdaderos y se van de lo más contentos con ellos.

Me pareció bueno traer este ejemplo porque es una evidencia de lo que nos sucede a todos, y que por desear tanto las cosas que no tenemos con ellos, no podemos visualizar muchas veces las cosas que sí tienen buenas, y con las que nos gusta convivir. Es cuestión de dar vuelta el peso de la balanza, aunque no es sencillo no significa que no se pueda lograr.

Cuando lo malo tiene mayor peso y no se puede salir de esta situación, es cuando vienen las rupturas de relación, e incluso se dejan de ver y de hablarse y se vuelven personas desconocidas. El tema es que siempre están presentes y cuando estamos peleados más aún, no pueden salir de nuestra cabeza, nos carcome la situación. Hay que remendar el vínculo antes de que sea tarde, hacer todo lo que uno quiera hacer con ellos, en vida, porque ya después solo serán ilusiones, solo serán, como los sueños… deseos insatisfechos. Y eso nos acompañará de una u otra manera hasta los últimos días.

Y dice la ley de la vida, que nuestros padres se irán antes que nosotros, y aunque lo sabemos, porque para eso nos preparamos, nunca estamos listos para ese momento, no queremos dejarlos partir y muchas veces no asumimos su pérdida.

Por lo contrario, sucede en algunos casos que la ley se invierte, y a los padres les toca ver partir a sus hijos. Por algún accidente, problemas de salud o atentado. En estos casos es aún más difícil la aceptación, porque es algo para lo que uno nunca se preparó.

Por eso…

"Dialoguemos, compartamos, disfrutemos, valoremos, escuchemos, observemos, digamos lo importante que son para nosotros".

Nuestros padres siempre van a ser nuestros padres, no los podemos cambiar, aceptémoslos e intentemos tener la mejor relación posible. Vinieron a esta vida para dejarnos su mejor legado, y si en el camino encontraste golpes, traición, maltrato, infidelidad y hasta en el peor de los casos… abuso, nunca podremos entender estas situaciones porque son inaceptables, pero sí debemos entender que es lo que tenía que pasar en tu vida, que por algo pasó, alguna enseñanza tiene que dejar, algo hay que rescatar. Recordemos que en la vida todo se da por algo, y de lo malo algo bueno surgirá. Es así, búscalo, siéntelo, créelo y generarás cambios realmente importantes.

Si vivimos con resentimiento y no lo aceptamos, todo se queda estancado en el tiempo y lo peor, es que vos te quedás estancado. Y una persona que no crece, que no tiene cambios, perdió el significado de la vida y para qué vinimos a este mundo. Y eso sí que es muy difícil de recuperar.

Nadie nos enseña a ser padres, la vida misma te enseña en el paso a paso, dependiendo el lugar, con quien y con quienes se conforma esta familia nueva. Diferentes etapas que atraviesan, distintas generaciones, diferentes contextos. Es lógico cometer errores en el camino.

No hay situación que uno haya vivido que te defina como persona. ¿A qué voy? Hay gente que vive echando culpas, y yo soy así por esto que me pasó, porque mi padre cuando yo tenía 8 años, etcétera, etcétera. Eso es quedarse enganchado, hay que sacar provecho de cualquier situación vivida y aplicarla como cambio y crecimiento en nuestras vidas.

Recordemos las declaraciones del sí, no, amor, gratitud y perdón, son liberadoras y modifican el mundo.

Y la vida pasa y no lo decimos, no lo hablamos, no lo hacemos y cuando queremos ver… ya no están y nos arrepentimos de tanto no hecho. Y uno dice "es que no tuve la oportunidad". Te parece en 30, 40, 50, 60 0 70 años que uno tiene para estar con ellos, dependiendo el caso individual, ¿no tuviste la oportunidad para hacerlo?

Saquémonos la mochila que llevamos, démosla vuelta, en vez de llevarla en la espalda, hagámosle frente y llevémosla colgada adelante, ya más liviana y sin tanto peso para no caernos. Es sanador, es reparador, es generador de miles de posibilidades para tener una vida más linda, ellos y nosotros.

Y cuando las cosas no cambian… soltá, deja ir, dejalo. Que, aunque esté presente, no te afecte ni te influya, porque es la única forma de seguir avanzando positivamente y sin resentimiento.

Uno elige qué cosas de la vida te afectan o no.

Uno elige cómo actuar frente a determinada situación.

Uno elige cómo ver las cosas.

Uno elige.

17. LA CONDUCTA

La conducta y el comportamiento marcan nuestras vidas, son un indicio de lo que somos, aunque no siempre coinciden con nuestra esencia.

El tener una conducta intachable no significa que alguna vez nuestro comportamiento no sea el adecuado.

El comportamiento es justamente como lo dice la palabra, cómo nos portamos.

Debemos trabajar en formar y moldear nuestra conducta y nunca es tarde para modificarla y mejorarla.

Nuestra forma de actuar en muchas ocasiones es instintiva, como cuando nos aborda el miedo, o la adrenalina, hacemos cosas para salvarnos de un accidente, por ejemplo, o nos paralizamos. Es algo que por más que uno se prepare para esas situaciones, uno no sabe cómo va a reaccionar hasta que le sucede. Y luego nos sorprendemos de nosotros mismos por como actuamos, porque nunca lo habíamos imaginado.

Aquí en el comportamiento queda en evidencia lo que planteé casi al comienzo del libro de las clases de personas que hay. Hay personas que solo tiran para sí mismas, y por ende así van a actuar. En cambio, hay otras que tienen un marcado interés por los demás y también se verá reflejado en su comportamiento. Más allá de esto, también se ven influenciados por el estado de ánimo que tenga la persona en esa circunstancia…alegría, tristeza, enojo, bronca.

Muchas veces reaccionamos mal y decimos que es, porque tenemos un mal día. La clave es aprender a manejar nuestros estados emocionales para que no se vean influenciados o modificados nuestros comportamientos. Tarea difícil pero no imposible.

Esto se ve bien ejemplificado en la calle, en el tránsito y los transeúntes. Suceden día a día cosas inexplicables y con las que hay que lidiar y afrontarlas de la mejor manera.

Por un lado, parece que hay gente que sale a la calle a pelear, a descargarse de lo malo que le sucede en la vida, con cualquiera que se le cruce, por lo tanto, su comportamiento siempre es agresivo y cualquier mínima cosa, es inicio de pleitos. Por lo tanto, no te hagas el loco mientras manejas, porque siempre vas a encontrar a alguien más loco que vos y vas a terminar mal.

Por otro lado, están las personas que ceden el paso, que manejan teniendo en cuenta siempre a los demás, para no hacer algo que no corresponda, para tratar de evitar choques o conflictos, que frenan en los semáforos, que utilizan las luces de giro. Y están aquellos en cambio, que si se pueden pasar un semáforo en rojo aprovechan, que se abren y te encierran sin importar, que pueden tener autos nuevos y hermosos pero no son capaces de poner una luz de giro o balizas. Y que si estacionó ocupando todo el lugar no importa si los demás no entran. O van despacio por el carril rápido atrasando a todos los que vienen detrás.

Y si andas a pie, te encontrás con los que se cruzan justo cuando el semáforo está en verde y caminan con toda su paciencia. O no dan permiso para subirse al colectivo, atropellan a todos adentro y ni hablar de dar el asiento. Y en cambio otras personas que ayudan cuando alguien se cae o se les cae algo, ayudan a cruzar la calle, dan y piden permiso para pasar.

¡Qué conductas distintas y diferentes! Aquí queda reflejado como decía, la esencia de las personas y sus estados de ánimo, y podemos perfectamente poner en práctica aquella frase de ser con los demás como nos gustaría que ellos fueran con nosotros. ¡Qué distinto sería el mundo si lo aplicáramos!

El desinterés por los demás no conduce a nada. El egocentrismo nos cierra puertas y qué peor aún porque no podemos verlo. El pensar en los demás te multiplica las posibilidades, el compartir, el buscar encuentro.

Yo siempre fui la típica persona de quedarme con lo más chico o lo peor de dos cosas... para que así los demás tuvieran lo mejor... así uno se acostumbra a vivir pensando en el otro, pero como dicen "no hay que olvidarse de uno mismo", porque como lo hemos planteado en otras circunstancias, ningún extremo es bueno.

Pero ¡qué diferentes formas de vivir! ¡Qué diferentes caminos a tomar...!

Y cuando estoy atrapado por el egocentrismo, solo me interesa aquella persona que aporte a mi yo, pero no como persona en sí, sino solo en lo que yo necesito. Por lo tanto, esto dura poco o se esfuma, porque nos damos cuenta que no hay un interés genuino por nosotros.

El interés por los demás se ve reflejado en las familias, en el trabajo, en las amistades, en el estudio y demás... Es una forma de vida. No hace falta ser religioso o pertenecer a una fundación.

El mismo genera sorpresa muchas veces y comodidad en el otro, porque se acostumbran a que uno, siempre es el que va a actuar, es el que va a hacer, es el que va a dar lo mejor. Y en una oportunidad que uno no lo haga por x causa, ya es mal visto y repudiado porque no se valora en realidad todo lo anterior.

Sin embargo, uno debe ser como es, sin importar las consecuencias, sabiendo que vamos por el buen camino. Pero sí, aprender que no todos son como uno.

Esto me recuerda de la buena acción por día de los scouts... es una excelente manera de practicar y fomentar el interés por los demás.

Sumemos, aportemos... aunque parezca poco, es mucho. Y si todos tuviéramos esta actitud, ¡el mundo cambiaría tanto!

Pensalo... ¿de qué lado estás? Efectuemos un cambio...

18. LA LUNA Y YO

Siempre tuve una relación especial con la Luna.

Cuando era scout, con el grupo íbamos a muchos campamentos. En uno de ellos, ya siendo grande (para los que entienden del tema… *raider*), se instaló una leyenda.

De noche y sentados alrededor del fogón, se contaban muchas anécdotas. Una de ellas fue la creación de un grupo especial. Una noche fue diferente. Algo mágico iba a suceder. Una de nosotras iba a ser la elegida, pero nadie más sabría quién. Todo sucedería al dormir en las carpas, y al otro día al despertar, ya "alguien" habría cambiado su destino.

Nadie supo, nadie se enteró, un secreto que quedó guardado y no trascendió, porque al ser algo difícil de entender, fue criticado y por lo tanto desterrado y no se volvió a realizar.

En realidad, para el fogón, todas tuvimos que disfrazarnos de brujas y llevar nuestro amuleto. Y presentarnos y decir qué tipo de bruja éramos y qué significaba nuestro amuleto.

No recuerdo bien, pero sí que llevaba colgando en un hilo de arpillera, una botella de gaseosa plástica chiquita, llena de arena. Y que conté que cada granito de arena, eran las personas a quien iba a ayudar a estar bien, a creer en sí mismos, que se puede, que los sueños se convierten en realidad.

Recuerdo, también, que quien dirigía el momento caminaba a nuestro alrededor, y en un instante se paró tras de mí y tocó mi hombro. Cada una contaba su historia. El fuego resplandecía, las estrellas brillaban, y la luna estaba allí… noche de luna llena. Luego nos fuimos a dormir.

Esa noche, me sacaron de la carpa, nunca vi quiénes eran, me alumbraban los ojos con linterna y me los vendaron; me hicieron caminar descalza, cruzar el río, no sabía adónde íbamos, solo escuchaba voces; el corazón me latía fuerte, al igual que mi respiración jadeante, la adrenalina recorría todo mi cuerpo; tuve que decir y prometer ciertas cosas que no recuerdo. Y, arrodillada, con la cabeza hacia arriba como mirando el cielo, me quitaron la venda, y allí estaba…

"Me convertí en la bruja de la luna".

Esa imagen sí la tengo retenida en mi cabeza. Y así, mojada, me dejaron en mi carpa. Con la condición de nunca decirlo, nunca contar quien era yo.

Hoy sí puedo narrarlo. Y pocos lo entenderán, y a algunos les generará apatía. Es solo una leyenda.

No todas las brujas son malas, y como dicen… que las hay… las hay.

¿Se habrá convertido en realidad mi amuleto?

¿Será lo que he estado haciendo todos estos años sin darme cuenta?

Siempre creí en las almas, y en muchas ocasiones de mi vida se me ha demostrado que tenemos otras vidas previas. Situaciones de asombro por sentir "esto ya lo viví". Personas que uno encuentra sin casualidad, que es como si ya las conociéramos de antes. Complicidad entre almas que se reconocen, de vidas pasadas, pero con otra historia, otra vivencia, y no nos permitimos darnos cuenta. Solo los que tenemos un sexto sentido podemos sentirlo, por eso no muchos lo entienden.

"Yo, soy un alma vieja". Así lo siento y lo sé.

Hoy cumplo esta misión de vida. Y vine a aprender tal vez lo que me faltaba.

¿Habrá más? Siempre hay más…

Durante la cuarentena… en un día radiante de sol y sin nubes, estaba en la plaza, pensando justamente en contar esta historia.

En el preciso instante que decía en mi cabeza "Soy la bruja de la Lu…", miré al cielo y me quedé sin palabras, con la boca abierta… ¡Allí estaba!

Fue para mí una señal, me atravesó una sensación indescriptible.

¡Acá estoy! ¡No estás sola! Dijo la Luna…

Y yo sollozando, solo la admiraba.

La Luna se ve de noche, pero en ocasiones, nos regala su aparición en el día.

Y así como el Sol siempre está, aunque no lo veamos, la Luna también.

Yo llevo mi Luna a todos lados conmigo, y hoy me lo demostró.

Lo que tengo con ella es un *vínculo inesperado.*

En la noche, para recordarme que tengo que brillar, a pesar de tanta oscuridad, hay luz, hay polvo de estrellas.

Luna que crece, como en cuarto creciente, sembrando semillas de esperanza; que se llena luego en su máximo esplendor, dejando que algún loco le saque fotos, captando una estrella fugaz a su lado, ¡único!

Y luego, comienza a desvanecerse en cuarto menguante, consiguiendo que los duendes se posen en ella, para volver a creer, para volver a soñar, hasta desaparecer y volver a reiniciarse de nuevo.

Y la luna me regaló el sol para recordar que debo seguir brillando en el día, por más que se nuble, llueva o truene, que nada ni nadie apague ese fuego interior que solo nace, cuando la Luna y el Sol, siendo cómplices, deciden ser uno y vivir juntos por siempre.

Aunque no se toquen… se sienten, se necesitan y de lejos se contemplan con admiración; aunque en ocasiones uno brille más que el otro, siempre… brillarán juntos a la par.

19. EL "HOY"

Pasado, presente y futuro llenos de hoy.

Ese "hoy día" que se nos pasa por alto millones de veces y que luego criticamos del pasado, no nos permite disfrutar del presente, y obviamente nos lleva a un hoy del futuro que no deseamos.

El pasado está lleno de hoy, el presente solo de un hoy, y el futuro dependerá siempre del presente que se transforma en pasado automáticamente.

Este juego de palabras simplemente nos lleva a darnos cuenta que pasado, presente y futuro siempre fueron la misma cosa… ¡Hoy!

Hemos escuchado tantas veces el no vivir colgados del pasado, como tampoco vivir pensando en el futuro, porque así nunca en definitiva disfrutamos del hoy, del presente.

Es muy difícil aplicarlo, y quien lo logra llega realmente a ser una persona equilibrada y vivir en armonía. Sin importar el tiempo y el espacio… todo es disfrute. Todo toma otro color y otro sentido.

"Lo importante es el camino, no si llegamos".

Hoy decido ser feliz.

Hoy llega lo mejor a mi vida.

Hoy disfruto a pleno y vivo el momento estando presente.

Hoy no pienso en mañana.

Hoy agradezco la vida.

Hoy no me lamento ni me quejo, no hay tiempo para eso.

Hoy estoy bien y colmada de prosperidad.

Hoy miro a mi alrededor y agradezco las personas que tengo y me acompañan.

Hoy agradezco absolutamente todo lo que tengo.

Hoy vivo en salud física, mental y económica, con lo que tengo.

Hoy demuestro que amo a las personas que me rodean.

Hoy demuestro que quiero ser amada.

Hoy me despojo de las preocupaciones.

Hoy escucho el canto de los pájaros.

Hoy escucho a los que están a mi alrededor.

Hoy me escucho a mí misma.

Hoy río, lloro, muero y vuelvo a nacer.

Hoy hago valer mi tiempo.

Hoy agudizo mi enfoque.

Hoy es mi oportunidad.

¡Hoy voy por todo!

20. RENACER

Y así queridos amigos llegamos al final de este libro…

Hemos transcurridos juntos todas las etapas y todo lo vivido en ellas... y uno siempre espera el momento de ser feliz.

Por un lado, aprendimos que no hay momento adecuado para hacer lo que planeas… muchas veces se nos pasa la vida esperando ese momento. Pues entonces "hazlo y todo se amoldará a eso".

Tristemente tenemos que reconocer que La Felicidad no existe, considerándola como momento cumbre de nuestras vidas y pensando que dure por años… no es posible.

Lo que sí existe es el estado emocional de sentirse feliz, pero como bien lo indica la palabra… solo es un estado, el cual durará por ese estadio solamente.

Por lo tanto, debemos dejar de perseguir la felicidad porque nunca la alcanzaremos. Solo podremos vivir múltiples momentos felices que nos llenarán la vida de alegría y nos estimularán para continuar adelante.

Y siendo así una luchadora y tomando la decisión siempre de ser dueña de mi propia vida… sigo con orgullo y la frente en alto y la conciencia tranquila, de saber que dejé todo de mí, en cada cosa, en cada emprendimiento, en cada dolor, y me aferré con el alma a vos, hijo mío, que has sido y serás por siempre la razón de mi existir.

Todo, absolutamente todo, valió la pena, para hoy estar a tu lado y ¡verte FELIZ!

Y 23 años después…

Imaginariamente me encuentro con esa carta escrita por mí… para mí, que les contaba al principio de este libro.

Y no sé si la vida me regalará la dicha de estar aquí físicamente, pero cuenta la historia que ocurrirá así…

Me imagino entrando a la escuela y ver sacar la urna de la pared. Hay mucha gente, como un acto normal, alumnos y directivos. La estructura, el aroma del colegio, el recorrer aquellos pasillos una vez más; el reencuentro con gente que apenas puedo reconocer, entre arrugas y miradas sensibles, una vida que nos pasó por encima. Y ya con mis manos temblorosas por los años y la emoción, abro la carta y me encuentro con que tan solo cumplí con menos de la mitad de lo soñado, pero me siento muy reconfortada de haberlo logrado. Y lo que sí, pude encontrar reflejada a esa mujer íntegra en la que sí me he convertido.

Es muy importante planificarse para un futuro, aunque no logremos todo lo propuesto, por lo menos lo logrado será justamente porque alguna vez nos lo propusimos en nuestro interior.

No era una carta larga… solo en 15 renglones explayado lo que quería de mi futuro.

La emoción que se siente al hablar con uno mismo después de tantos años es inexplicable…

Y con los ojos, una vez más en mi vida, llenos de lágrimas, alcanzo a ver como una de ellas se cae sobre la carta y se une con la marca de una lágrima de aquella época y mágicamente siento como una cura en mi alma, y me perdono por todos mis errores y perdono a quienes me han hecho daño y pido perdón a quienes lastimé por alguna razón… y agradezco a la vida lo que fui, soy y seré por siempre… ¡porque siempre voy a estar! Pero ya no lloraré más, porque logré al fin encontrarme conmigo misma a través del amor propio y hallé la paz interior que tanto buscaba.

Del dolor a la felicidad…

Camino infinito…

A veces pedregoso, a veces de asfalto.

En ocasiones con pozos, difíciles de esquivar, difíciles de salir cuando uno cae en ellos…

A veces de tierra, otras de agua… por tormentas de cielos nublados y cargados de grises.

En ocasiones con puentes que nos unen con situaciones u otras personas y a veces con calles sin salida que no conducen a nada.

A veces de a pie y otras en vehículos más rápidos…

O de rodillas cuesta abajo… o en avión intentando despegar de este mundo.

Pero principalmente camino con señales que nos indican qué hacer, por dónde seguir.

A veces vamos tan rápido que ni las vemos…

¡Disfruta del viaje!

Elige ser el conductor y no un pasajero…

Elige tú el camino y que no te lo elijan.

¡Y cuando me necesites… BÚSCAME!

En el sol, el viento, la luna o las estrellas

BÚSCAME

Pero no muy lejos… porque siempre

¡ESTARÉ CONTIGO!

La Asociación Inclusión Autismo Mendoza le comunica que nos parece un gran proyecto el que llevará a cabo, escribir su historia de vida, y por supuesto, incluir la experiencia que vive como mamá de una persona con autismo.

Le agradecemos que nos haya convocado para colaborar en su difusión y estamos muy felices de ser reconocidos en la contratapa a través de nuestro logo identificatorio.

Este tipo de iniciativas son dignas de destacar, porque apuntan a la concientización, que es una de nuestras premisas, y por la cual, luchamos tanto.

Luego de llegar a un consenso, entendemos que lo recaudado tiene un excelente propósito, pero nos gustaría dejar por lo claro que nuestra asociación no recibirá ningún tipo de rédito económico.

Y, por último, cabe aclarar que lo expresado en dicho libro no representa el pensamiento y el accionar de Inclusión Autismo Mendoza, y que entendemos que es la experiencia personal vivenciada por usted.

Aclarado esto, la felicitamos por la publicación de su libro y quedamos a su entera disposición.

Editorial
www.tintadeluz.com.ar
+54 9 261 3014073
info@tintadeluz.com.ar
Mendoza, Argentina.